一线主管
督导能力 训练

狄振鹏 曾明彬 ◎著

TWI

北京大学出版社
PEKING UNIVERSITY PRESS

图书在版编目（CIP）数据

一线主管督导能力训练/狄振鹏，曾明彬著. —北京：北京大学出版社，2008.1

ISBN 978-7-301-13199-2

Ⅰ.一… Ⅱ.①狄…②曾… Ⅲ.企业管理 Ⅳ.F270

中国版本图书馆 CIP 数据核字（2007）第 188314 号

书　　　　名：	一线主管督导能力训练
著作责任者：	狄振鹏　曾明彬　著
责　任　编　辑：	文　雯
标　准　书　号：	ISBN 978-7-301-13199-2／F·1800
出　版　发　行：	北京大学出版社
地　　　　址：	北京市海淀区中关村成府路 205 号　100871
网　　　　址：	http://www.pup.cn
电　　　　话：	邮购部 62752015　　发行部 62750672
	编辑部 82893506　　出版部 62754962
电　子　邮　箱：	tbcbooks@vip.163.com
印　刷　　者：	北京富生印刷厂
经　销　　者：	新华书店
	787 毫米×1092 毫米　16 开本　13 印张　200 千字
	2008 年 1 月第 1 版第 1 次印刷
定　　　　价：	32.00 元

未经许可，不得以任何方式复制或抄袭本书之部分或全部内容。

版权所有，侵权必究

举报电话：010-62752024；电子邮箱：fd@pup.pku.edu.cn

目录

序 /1
前言 /3
总自检 /6

第一章 工作职责

一、何谓督导能力 /3
1. 督导的定义 /3
2. 督导的地位 /3
3. 督导的作用 /5
4. 督导的使命 /5

二、督导工作职责 /7
1. 督导的主要职责 /7
2. 督导职责的内涵 /8
3. 明确督导范围 /9

三、督导角色认知 /11
1. 督导角色功能 /11
2. 督导角色定位 /12
3. 督导角色误区 /13

四、督导技能要求 /15
1. 对督导的技能要求 /15
2. 不同管理层的督导技能权重比例 /16
3. 督导的五项条件 /17
4. 督导取得成功的六大法则 /20

五、督导现状 /21

本章小结 /24

第二章 工作教导

一、教导准备四阶段 /29
1. 制作训练预定表 /29
2. 制作工作分解表 /31
3. 准备所需物品 /38
4. 整理工作场所 /38

二、工作教导四阶段 /39
1. 第一阶段——学习准备 /40
2. 第二阶段——传授工作 /41

3. 第三阶段——试做 /42

4. 第四阶段——考核成效 /44

▶ 三、三种特殊教导方法 /46

1. 冗长工作的教导方法 /46

2. 嘈杂工作场所的教导方法 /47

3. 感觉与秘诀的教导方法 /47

▶ 四、教导方法的反省 /49

▶ 本章小结 /53

第三章 工作改善

▶ 一、工作改善的心理障碍 /59

1. 念旧的困扰 /59

2. 安于现状 /59

3. 阴影的困扰 /60

4. 因为反对人而反对事 /60

5. 缺少问题意识 /60

6. 缺乏对改善的认识 /61

7. 缺乏改善的技巧 /61

▶ 二、工作改善四阶段 /62

1. 第一阶段——工作分解 /62

2. 第二阶段——就每一个细目作核检 /66

3. 第三阶段——展开新方法 /71

4. 第四阶段——实施新方法 /75

▶ 三、作业选择表 /77

▶ 四、工作改善的其他事项 /79
   1. 动作经济的原则 /79
   2. 不断提出新问题 /80
   3. 工作改善方法的实用点 /82

▶ 本章小结 /84

第四章 工作关系

▶ 一、工作关系问题及其类型 /89
   1. 督导工作关系的特点 /89
   2. 何谓工作关系问题 /89
   3. 问题发生的类型 /90

▶ 二、改善人际关系的基本要诀 /92
   1. 工作情形应告知 /93
   2. 赞赏表现优异者 /93
   3. 涉及切身利益的变更事先通知 /94
   4. 发挥其能，激励其志 /94

▶ 三、工作关系问题的处理 /97
   1. 确定目的 /97

2. 四阶段处理法 /98

3. 检讨目的是否达成 /103

▶ 四、从工作关系来看督导要诀 /104

1. 督导的职责是保证下属按质按量地完成任务 /104
2. 督导不是训斥下属,必须善待下属 /104
3. 真正活用工作关系 /105
4. 工作关系问题的范围 /106
5. 充分了解下属 /106

▶ 五、工作关系事例研究 /110

1. 参考案例 /110
2. 情景训练 /115

▶ 本章小结 /118

第五章 工作安全

▶ 一、工作安全四阶段法 /123

1. 第一阶段——思考可能导致事故发生的要因 /123
2. 第二阶段——慎思确定对策 /126
3. 第三阶段——实施对策 /129
4. 第四阶段——检讨结果 /130

▶ 二、督导职责与工作安全 /131

1. 督导立场 /131

2. 督导责任 /132

▶ 三、处理灾害事故的方法 /133
1. 采取应急措施 /133
2. 负责报告工作 /133
3. 制定防范对策 /133

▶ 四、急救措施的要点 /134
1. 急救处理的常用方法 /134
2. 受伤者较多时的处理原则 /135
3. 与医护人员、上级管理者取得联系 /135
4. 准备急救所需的材料 /135

▶ 本章小结 /137

▶▶ 第六章 工作效率

▶ 一、督导效率现状 /143
1. 目前的管理效率 /143
2. 时间资源的特性 /144
3. 时间的价值 /145
4. 什么是时间管理 /146

▶ 二、浪费时间的诊断与分析 /147
1. 如何找到原因 /147
2. 自我检查 /147

3. 工作时间记录法 /148
4. 时间管理的记录和诊断 /150

三、时间管理的基本原理 /152
1. 时间管理的四个发展历程 /152
2. 排列优先顺序 /153
3. 艾森豪威尔原则 /155
4. 艾维·李十分钟效率法 /156
5. 时间管理的基本法则 /158

四、时间管理的实用技巧 /160
1. 目标和计划管理 /160
2. 充分授权和委派技巧 /162
3. 排除干扰技巧 /164
4. 减少冗长的会议 /167
5. 办公室的5S工作 /168

本章小结 /170

附录 工具表单 /173

Preface 序

中国正在崛起，中国的企业正在瞄准国际标杆企业冲刺前进。然而，我们要知道，冲刺固然可以带来令人惊艳的短期成效，却有时很难维持长久。在企业竞争力与可持续发展的千秋大业中，持续保持领先优势靠的是扎扎实实的基本功。

TWI（Training Within Industry for Supervisor）训练曾经风靡欧美、日本等经济发达国家的企业，是它们可持续发展的基石。改革开放以来，我们中国的企业曾以短跑的速度奋起直追，接下来是不是有耐久力与国际先进企业并驾齐驱甚至领先称雄，关键要看在这场马拉松的耐力赛中我们的基本功如何，基础打得牢不牢，能不能跑得过人家？

振鹏兄是中国的十大金牌讲师之一，培训实务经验丰富；明彬兄长期从事企业咨询顾问，对业界的需求了如指掌。他们不但学养俱佳，经历丰富，也都有骄人的成就。现在他们愿意将自己多年的心得淬炼成这一本好书，为我们的企业发展提供最关键、最重要的能力基础——督导能力，这是我们所期盼的。本人为有这两位杰出的同仁为荣，愿意向广大读者极力推荐由他们两人所著的《一线主管督导能力训练》一书。

《一线主管督导能力训练》一书可以作为企业培养人才的基本规范，可以当做企业进行相关训练的教材；可以是成功团队分享经验时的模板，也可以是正在岗位上力争上游者的自修宝典。

我期盼藉 TWI 的落实推行，能使更多的优秀人才在岗位上脱颖而出，使优良的企业获得可持续发展的能力，为我们中国的崛起，开创真正属于我们的新时代而共同努力奋斗。

台湾高雄师范大学人力与知识管理研究所所长　　**刘廷扬**
澳门科技大学行政与管理学院客座教授、博导

Foreword 前言

　　一线主管是企业处于最基层位置的执行人员，其督导能力的高低关乎整个团队的成败。

　　TWI 原文为 Training Within Industry for Supervisor，意指针对现场一线管理者督导能力的训练，最初由二战时期美国战时生产局推动实行。二战之后，盟军占领日本，重建日本经济，发现日本劳动力的技术潜力极为深厚，但是缺乏督导能力较强的管理人员，故开始引进 TWI 来培养管理人员的督导能力。此举成效卓著，促使日本企业快速发展，最后成为"制造的日本"。

　　日本丰田汽车之所以能够打造出优势的竞争力并成为产业的标杆，完全得益于上世纪 50 年代所引入的 TWI 法。TWI 是丰田汽车的重要发展基因，像著名的提案改善制度、JIT 生产、LP 精益（柔性）生产、QFD 质量功能展开、QCC 品管圈活动等多项经典的生产管理技术，均由实践 TWI 法后持续运用发展而来，因此 TWI 可以说是产业发展竞争力的基因工程。

　　中国内地于上世纪 90 年代引入 TWI，受到国内生产型企业的普遍欢迎。但在训练实践中，发现原方法的内容固定，无法根据企业的实际需求作出调整；案例均以日本企业或中国台湾地区企业为背景，对内地企业的指导性不强；讲课的方式也比较呆板，不够灵活。更加令人遗憾的是，目前市面上有关 TWI 的专业书籍数量甚少，导致企业界及培训界无法真正理解和有效贯彻落实 TWI 的精髓。

有鉴于此，作者根据日本 TWI 课程的要旨，结合中国人的特质以及我们在企业管理方面多年的实务经验，并吸取多位管理大师的理论精华，发展出《一线主管督导能力训练》这门适合中国本土管理人员的训练课程，并且根据对大量企业培训的心得、反馈和体会，结合对数百余家企业的管理咨询经历和经验，将训练课程的讲义整理成书，希望借此来帮助更多的中国企业管理人员提升督导能力和技巧。

本书是作者多年培训与咨询经验的总结，并且得到了众多接受过 TWI 培训的客户的支持、反馈和帮助，在此深表谢意。全书共分六个部分，分别是：工作职责（JD, Job Description）、工作教导（JI, Job Instruction）、工作改善（JM, Job Methods）、工作关系（JR, Job Relations）、工作安全（JS, Job Safety）、工作效率（JE, Job Efficiency）。其中工作职责（JD）和工作效率（JE）部分由狄振鹏执笔编写；工作教导（JI）、工作改善（JM）、工作关系（JR）和工作安全（JS）部分由曾明彬执笔编写。希望本书能够成为基层管理人员提高督导能力和培训师进行相关培训的最佳助手和工具，激发一线主管在日常管理工作中闪现灵感的火花，不断地创新和完善，实现从优秀到卓越的飞跃。

我们真诚期待企业界与培训界相互合作，重视加强一线主管的督导能力的培养，加速推动督导能力的训练，通过这种立竿见影的培训，让企业百分百自我受益。企业界只要能培养出一批属于企业自己的、具有高效督导能力的优秀主管，再加上健全的管理制度，必能士气高昂，团结一致，克服一切困难，提高生产力，保持企业核心竞争力，达成企业经营的总体目标，进而促进企业及至国家经济的持续增长！

感谢台湾高雄师范大学人力与知识管理研究所所长刘廷扬教授在百忙之中的悉心指点，并亲自为本书作序。感谢上海杠杆联盟的侯琼英女士、郭先华先生在文案处理方面的协助，感谢时代光华、博雅光华、北京大学出版社的各位领导和老师的长期支持和帮助。

由于作者能力所限，文中难免有诸多不足之处，恳请读者批评指正。

作者

2007 年 11 月

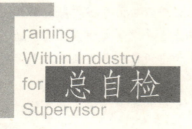

假如您是一名一线主管,请您根据自己的实际情况,结合您的工作场所,思考现在是否正在面临以下这些问题,或者是否曾经发生过此类问题。如果有符合这些问题者,请记上"O"记号。如果在这些问题以外还有其他问题时,请再写出来。

序号	项目	自检	部属行为(不知/不会)
1	没有遵守正确的工作方法		
2	工作品质没有达到标准		
3	工作延迟		
4	工作常常失败		
5	损坏道具或设备		
6	出现废品或重新加工过多		
7	有人受伤		
8	没有正确使用安全装置		
9	通路与工作场所的整理、整顿不良		
10	作业员对工作没有兴趣		
11	作业员工作不认真		

(续)

序号	项目	自检	部属行为（不知/不会）
12	没有正确使用辅助工具或仪器		
13	无故缺勤者多		
14	浪费消耗品		
15	作业员的流动性大		
16	工作没有计划性		

在刚才记上"O"记号的问题或另外写出来的问题之中，有没有因为您的部属（作业员）不知道干什么（知识的不足），或该项工作不会做（技能的不足）？如果有，请记上"◎"记号。请检查有"◎"记号的是不是相当多？

Training Within Industry for Supervisor

TWI 与工作环境的相互关系

```
                    工作教导
                    (Job Instruction)  工作安全
                    员工对业务          (Job Safety)
     工作职责         √不知道           安全作业管理
     (Job Description) √不会做          √危险
     对督导能力        √不熟悉          √安全意识淡薄
     √认识不清                         √不遵守安全规定
     √角色错位
     √不适应变化                       工作效率
                    高督导能力         (Job Efficiency)
                                      工作时间效率
            工作改善                    √效率低下
            (Job Methods)              √疲于奔命
            作业方法或成果  工作关系    √救火队员
            √不好         (Job Relations)
            √不容易       现场人际关系
            √讨厌         √不能敞开心扉
                         √不够融洽
                         √颇有苦恼
```

TWI 课程结构示意图

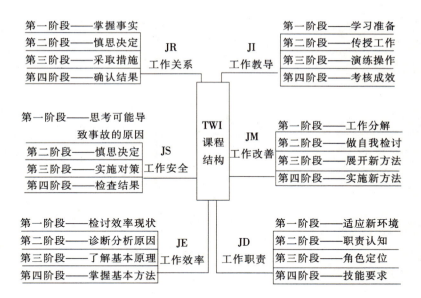

第一章 工作职责

本章重点

◎ 何谓督导能力
◎ 督导工作职责
◎ 督导角色认知
◎ 督导技能要求
◎ 督导现状

一、何谓督导能力

1. 督导的定义

所谓督导,通俗地讲,就是监督、指导。作为基层一线管理者,在企业中被称为班组长、线长(Leader)、柜组长等,肩负着重要的督导职责,他们处于企业的最基层,扮演兵头将尾的角色,是企业完成整体目标和工作绩效的最小作业单元的领导者。为了叙述的方便,我们有时也把一线主管统称为督导人员

目前,企业的绝大多数督导人员都是"半路出家"者,他们多是由基层一线的优秀员工和技术骨干转变而来。一线优秀员工通常只要具有以下特征:业务技术熟练、工作积极主动、人际关系和谐、有一定的沟通能力等,就有可能被提拔为督导人员。

2. 督导的地位

(1) 负有督导职责的一线主管在企业管理层中的位置

在企业的组织体系中,管理人员大致可以划分为三个层次:经营、管理和执行。

图1-1 企业纵向管理层次

经营层指企业最高决策层，如总经理、董事长，负责企业战略的制定及重大决策的拍板。

管理层指企业中间协调人员，如厂长、处长、部长、科长、车间主任等，负责各层级组织和督促员工保质保量地完成经营管理层制定的各项生产任务。

执行层是指企业基层干部，也就是一线的管理者，如课长、股长、组长、班长、工段长、队长、领班，负责具体执行企业的各项规章制度和命令，监督指导基层员工完成工作任务。

无论未来企业的组织如何变革，执行层级的督导职责永远是非常重要的，而且其重要性还在与日俱增。组织的扁平化趋势让决策者逐渐倾向直接与基层人员沟通，这将使一线管理者的督导责任更加重大。同时，他们也可能是最接近顾客的一群管理人员，其素质高低将会直接影响到企业的声誉好坏。

（2）负有督导职责的一线主管在企业体系中的位置

负有督导职责的人员既是生产第一线工作的参加者，又是最基层的管理组织者。在管理层和员工共同组成的整个企业系统中，一线主管处于一个身份重叠而且地位关键的特殊位置——兵头将尾，是承上启下的桥梁，是领导与员工之间沟通交流的纽带。

面对部下时，他们要站在经营者的立场上，用领导者的口吻来说话。

面对经营者时，他们要站在部下的立场上，用部下的口吻来说话。

面对直接上司时，他们又要同时兼具部下和上级参谋的双重角色，同时用两种口吻来说话。

总之，负有督导职责的管理人员的地位特点可以用16个字来概括：职位不高，决策不少，"麻雀"虽小，责任不小。

3. 督导的作用

班组是最基层的生产管理组织，是企业组织生产经营活动的基本单位。班组工作的好坏直接关系着企业经营的成败。班组与企业的关系，就像细胞与人体的关系。只有人体的所有细胞全都健康，人的身体才有可能健康。相应的，只有班组充满了勃勃生机，企业才会有旺盛的活力，才能在激烈的市场竞争中长久地立于不败之地。

班组是企业的"细胞"，班组管理是企业管理的基础。作为肩负督导职能的班组领导者，就是企业中最基层的负责人，承担着为完成班组生产任务而必须做好各项管理活动的责任。

督导的作用主要体现在班组长的日常管理中，充分发挥班组全体人员的主观能动性，充分利用各方面信息，合理地组织人力、物力，使班组生产均衡有效地进行，最终做到按质、按量、如期、安全地完成上级布置下达的各项生产计划指标。

4. 督导的使命

使命是最根本性的任务。督导的使命就是要求生产现场人员有序、有效地进行创造利润的生产活动，通常包括六个方面：品质、成本、速度、技术、安全、弹性。

（1）提高产品质量

质量关系到市场和客户，督导就是要求一线主管领导、监督员工按时按量地完成上级布置的工作任务，生产出合格产品。

（2）提高生产效率和速度

在同样的条件下，通过不断创新，挖掘生产潜力，改进操作和管理手段，生产出更多更好的高质量产品。

（3）降低和控制成本

降低成本包括原材料的节约、能源的节约和人力资源成本的降低等。

（4）安全防范和避免重大事故

有了安全不一定有了一切，但是没有安全肯定就没有一切。很多事故都是由于违规操作造成的。一定要坚持安全第一，监督员工严格按照操作规程办事，努力改进机械设备的安全性能，防止工伤和重大事故的发生。

（5）先进技术的实际应用

科学技术只有在实际应用的情况下，才能转化为生产力。通过员工的提案改善、流程重组、技术革新、新技术和新设备的运用等，可以大大提高生产率和劳动效率。

（6）适当的多样化、弹性和柔性生产

市场的日益竞争和客户需求的多样化，会使具有批量小、时间短、价格低、要求高、非标件等特点的客户定制产品越来越多。通过督导，努力使一线生产方式变得更加具有弹性和柔性，以适应客户的不同需求。

二、督导工作职责

1. 督导的主要职责

根据工作范围的不同,督导的职责可以分为以下三个方面:

(1) 劳务管理

劳务管理职责包括人事调配、排班、勤务、考勤、情绪管理、技术培训以及安全操作、卫生、福利、保健、团队建设等。

(2) 生产管理

生产管理职责包括现场作业、工程质量、成本核算、材料管理、机器保养等。

(3) 辅佐上级

一线主管的督导职能之一体现在及时向上级反映工作的实际状况,提出自己的建议,做好上级领导的参谋助手上。目前,不少一线主管忘记了督导的职责,仅仅停留在一般的人员调配和生产排班上,没有发挥出作为领导和参谋的作用。

根据工作对象的不同,督导工作职责也可以划分为两个方面:一是对事的职责,即管理作业,以达成公司赋予的生产目标;另一方面是对人的职责,即管理下属,以组织领导员工有效开展各项生产活动。

无论按照哪一种标准来划分，创造绩效都是第一要务，这是督导工作职责的核心。

2. 督导职责的内涵

(1) 督导属于劳心者，不是劳力者

孟子说："劳心者治人，劳力者治于人。"所谓劳心者，是指运用自己的智慧，发掘潜在问题，进而深入分析，提出解决对策的人；所谓劳力者，是指凭借其自身的体力，忙碌工作，而少用大脑思考问题的人。负有督导职责的基层管理人员，属于劳心者的范畴，所以就不要把自己当成一个普通的体力劳动者而懒于思考，而要多多运用自己的智慧，勤于思考。

(2) 具有督导职责的人员是人才，不是人手

一家企业的强弱，是看其中各类人才（运用脑力去管理下属者）是否多而全，而不是只求人手（依照上司旨意办事的人）多。人多只是势众，但不一定能成事。具有督导职责的人员是企业中具有创造力的人才，而不是只会听从命令的人手。

(3) 督导是教练角色，不是官员角色

督导是教育、引导别人把工作做好，而不是像官员指手画脚，颐指气使，不能有"官大学问大"的心态。一线主管不一定要事必躬亲，但一定要名副其实。

(4) 督导要既管又理

过去是劳动者找事、求事的时代；当今则是技术、资金、信息与人才密集的时代，找事已变成求才。因此，动辄训斥、谩骂的待人方式已经落伍，取而代之的是讲理、推己及人、人性化的

管理方式。所以督导不能只是简单生硬的教训，而且要讲究合理、合法及合情。

（5）督导的核心是出业绩、出成效

创造业绩是督导工作的核心，所有的管理督导工作都要围绕这个核心进行。一线主管既要履行督导职责，竭尽全力，领导下属，组织进行生产工作；又要踏实本分，善于设法争取到上级的支持与信任，从而顺利完成本部门的任务。

3. 明确督导范围

作为一线主管，一定要明确督导的权限和范围，做到行权而不越权，配合上级的工作，使组织的任务顺利完成。那么，一线主管如何才能明确自己的督导范围呢？

（1）避免与上级权力重叠

各司其职，天下方能大治。一线主管首先应该知道，自己是干什么的，应当干些什么以及怎么去干。对于和上级可能发生矛盾的地方，一定要本着服从上级、有益工作的原则，认真对待。在督导职权发生明显交叉时，应及时请示上级，通过协调、沟通等方式，使自己的职权进一步明确化，保证上下级的和谐相处和工作的正常进行。

（2）积极配合上级工作

上级处于统领全局、协调指挥的位置，对整个组织和团队的工作进行决策和协调，而这些决策和组织协调的工作需要一线主管的具体执行和督导实施，如此才能达到应有的效果。一线主管要配合上级的工作，把上级的指示落实到位，充分发挥自己的督导能力，使决策得以实施。而当上级工作出现漏洞时，一线主管应该自动补位、纠正错误，甚至主动揽过，维护上级的权威，确保督导不越位。

(3) 在特殊情况下，得到授权或适度"越权"以利大局

当上级不在现场，无法请示领导或领导没有指示，但又涉及到整个部门和全局的利益，需要立即做出决策时，一线主管的督导能力体现在以积极主动的精神，站在公司的立场和自己的职权角度，替上级做出决策，以便于工作的继续开展和整体绩效的达成。

(4) 敢于担当自己的责任

一线主管是部门资源的分配者、工作任务的分工者，也是工作责任的承担者、督导职责的执行者。下属犯错，影响部门绩效，一线主管应当承担过错和责任，而不可以推卸责任给员工或其他相关部门。作为一名合格的督导人员，一定要勇于自我检讨，归因于内，承担应有的责任。

(5) 为下属建立核心职责和衡量标准

人力资源管理系统中重要的一项工作是职责分析和岗位描述，不少企业的员工岗位工作分析不具体，较模糊，而且与其工作目标、绩效考核标准不一致，导致管理人员的指挥不力、下属员工的执行不力，给工作带来困难和障碍，所以，督导的职责之一就是应该明确下属的岗位职责，并建立可量化的衡量标准，为绩效考核打好基础。

三、督导角色认知

角色认知是组织行为学里的一个概念，意思是指每个人都像生活在一个大舞台上，都在扮演着一定的角色，在这个舞台上你是什么角色就唱什么调，绝不能反串。在实际工作中如果出现反串，就属于角色错位。为了提高管理水平，一线主管应认清自己的督导角色，主动地提高这方面的能力。

> **小知识**
>
> 角色认知包括三个层面：
> 　　对督导角色的规范、权利和义务的准确把握
> 　　了解领导的期望值
> 　　了解下级对督导的期望值

1. 督导角色功能

- 企业第一线的指挥官：负有督导职责的一线主管是兵头将尾，是最靠近员工的一线指挥员，是员工的榜样和楷模，是贯彻、落实公司战略和上级意图的最终执行者。

- 企业专业知识与技巧的教导者：面对基层员工，担当起教导者的角色。对于刚进公司的新员工，要进行岗前培训、实操训练、技能考核，按照其技能水准分配适当岗位，做到能位匹配、人尽其才。对于业绩较差的员工，也需要进行技能辅导与帮助。

- 承上启下的维系者：公司高层是决策层，好像人的大脑和

心脏；中层主管是计划组织者，好像人的中枢神经和脊椎，传输所有信息；一线主管则是传输信息的末端环节，好像是收集了解一线信息的神经末梢，是承上启下的最后维系者。

- 企业稳定成长的奠基者：一线主管所管理的班组、科室、小队是企业经营管理的最小单位，企业的成长和发展依赖于每一个班组的成长和进步，如果没有督导，基层单位的进步难以为继，企业整体的稳定成长只是一句空话。
- 企业安全卫生的守护者：作为一线指挥官，一线主管要督导在一线，亲临现场，身在一线，维护现场的基本秩序，指挥员工进行安全生产，创造公司绩效。
- 人际沟通的润滑者：一线主管身处基层团队，处在企业双向沟通的中间地带，向下传达信息，向上传递信息。对于团队内部的冲突和矛盾，督导的职能是进行沟通协调，和谐员工之间的人际关系，形成团队的凝聚力。
- 企业政策的实践家：企业政策包括制度、规范、流程等。企业要用制度规范员工的工作行为，用企业文化来无形约束员工的日常行为。督导功能同样体现在企业文化、公司政策的传播和宣传上。

2. 督导角色定位

(1) 督导人员是中层经理的替身，是实现公司目标的前哨先锋

一线主管是代表公司对班组进行管理，督导的一切工作都要体现上级和公司的意志，要为实现企业目标而努力，并且要具有全局观，从整体角度思考问题。

（2）督导人员是同事的内部服务者，要提升内部客户的满意度

作为督导角色，一线主管应该跳出本位看问题，做好水平沟通，协调好与其他部门的关系。按照业务流程和内部供应链来寻找、明确自己的主要内部客户，思考如何才能服务好内部客户，提升他们的满意度，否则本部门就会失去存在的意义。

（3）督导人员是下属的兄长、楷模、队长、教练，是团队的领导者

督导人员作为员工的上级，应该是下属的榜样和模范，要言传身教，言行一致。如果班组部门是个大家庭，那么督导人员应该是兄长，是领头人，承担责任，而且要照顾好弟弟妹妹。如果班组部门是个足球队，那么督导人员则是队长兼教练，既要指挥团队作业，还要亲自参战，身先士卒，冲锋陷阵。

3. 督导角色误区

因为对督导的角色的认识存在误区，造成角色错位、角色缺位、角色模糊、力气使错了地方等情况多有发生，从而导致许多一线主管的管理工作毫无价值或价值缩水。常见的督导角色误区主要有以下八种类型。

（1）内部人控制，抵触上级的指令

督导人员由于对部门情况比较熟悉，常常认为上级的指令是错误的，或与实际情况不符合，产生抵触心理，擅自改变上级的决定，以符合自己的想法。

(2) 各司其职，互不相干

缺乏内部客户和内部服务的概念，不论企业的结构如何，仅从传统的公司理论出发，认为每一个员工都对其直接上级负责，而不需要对其他部门负责。

(3) 认为其他部门的服务是应该的

认为其他部门提供的服务是理所应当的，甚至提出无理、过分的要求，缺乏与内部客户之间的相互尊重和体谅配合。

(4) 以地方诸侯自居

把自己当作地方诸侯，把自己所属的部门当作属于自己的一亩三分地，认为自己拥有绝对的权力，一切由自己说了算，讲究自我经营和本位利益，而无视企业整体经营和全局利益。

(5) 越权擅离职守，向上错位

不认真执行上级交办的任务，而整天对公司、上级的决定品头论足，指点江山。

(6) "民意"代表，对抗公司

把自己当做"民意"代表，过分讨好员工，而忘记或牺牲公司的利益，常常与领导闹对立。

(7) 业务骨干，亲力亲为

专心于自己的业务和技术，而不积极参与对公司、部门的管理，把自己当作是一名技术专才而不是一名管理人员。

（8）做自由人，扮和事佬

把自己当做自由人，说话随心所欲，不分场合，不讲分寸。或者把自己当作老好人、和事佬，谁都不得罪，不敢坚持原则，不敢严格管理，结果好坏不分、是非不明。

实践指导

1. 部门小张违反了公司劳动纪律，被罚款 200 元，主管甲对其批评道："怎么搞得上头都知道了？下次要注意，这种事情我知道就可以了，不要让上面都知道，懂不懂？"

2. 小李申请请 3 天假，公司没有批准，主管乙解释道："我也没有办法，是人力资源部不批准，不同意，要不你再去与人力资源部商量商量？"

主管甲、乙在角色定位上有什么问题？

四、督导技能要求

1. 对督导的技能要求

督导技能要求主要有三类：理性决策、人力资源管理和专业技术。

专业技术主要包括专业性知识、对专业问题的分析能力、运用专业工具及专业技术的熟练程度。既然具有督导职责，一线主管不管是对销售、生产、人事，还是对财务、研究等各方面的专业知识，都应刻苦钻研。技术越娴熟，越能与他人协调与合作。

人力资源管理重点在与人的合作和人力资源管理的能力。作为一名管理人员，拥有良好的人力资源管理能力很重要。人力资源管理的运用主要体现在选才、育才、用才、留才四个方面。

理性决策建立在全面收集各种数据、信息的基础上，是从全局出发做科学的分析、思考和判断，这就要求主管能从企业的整体来看问题，同时认清各组织、各部门之间的相互依存性，只有产、供、销、研、财、人等各个部门密切配合，企业才能产生最大的综合效益。

2. 不同管理层的督导技能权重比例

按照纵向层次划分，企业的管理层可分为高层（总经理、董事长一级）、中层（车间主任、课长一级）和基层（一线主管一级）。对于不同的管理层而言，三项督导技能所占的权重也各不相同。

表1-1 管理者的督导技能要求及权重

单位：%

	理性决策	人力资源管理	专业技术
高层（总经理、董事长一级）	47	35	18
中层（车间主任一级）	31	42	27
基层（一线主管一级）	18	35	47

对于高层领导而言，理性决策所占的权重最高，高层领导需要制定政策、预见未来、指引方向；专业技术所占的权重最低，对于技术，高层领导并不一定要是专家，只要懂得就可以。高层领导的主要精力应放在理性决策方面。

对于中层领导而言，人力资源管理所占的权重较高，其他的技能次之。中层领导在实际管理中应发挥柔性平衡管理的作用，激励培养与检查监督互相补充。

对于基层管理人员而言，专业技术所占的权重最高。作为一个兵头将尾，一定要是业务尖子，行家里手，如此才能说话有分量、有权威。当然督导人员的人际协调能力也应较强，所占的权重是35%。理性决策所占的权重最低，实际上督导人员也需要一些理性决策，只不过它可能是一般的工作决定，而与战略性决策无关。总之一线主管的工作精力主要应放在一线督导上。

小故事

有一个炊事老班长跟着将军快10年了，眼见着后来入伍的新兵一个个被提拔当官了，心里很不是滋味。他找到将军说："将军，我跟着您都快10年了，没有功劳也有苦劳，可以提拔我当个官了吧？"将军听后笑笑，指着一头骡子说："喏，这头骡子跟了我也快10年了，要不提拔它当个团长？"故事告诉我们，作为一线主管需要不断提高理性决策能力和人力资源管理等管理技能，才有可能逐步晋升管理职位，成为真正的职业经理人。

3. 督导的五项条件

督导人员要顺利开展自己的工作，履行自己的职责，一般来讲，需要具备下列五项条件。

(1) 工作的知识

这是一种我们每个人在特定职务上为了正确进行工作所必须掌握的特有知识。

例如，根据作业标准，掌握正确使用设备、材料、机器、器具等与技能相关的必要知识。

即使是每天从事既定的工作，在当今技术不断革新的形势下，还是有必要不断地学习和增加新的知识，努力充实自己。而当开始新的工作，或需要制造新的产品、使用新的工具时，就更需要学习新的工作知识。

(2) 职责的知识

这是督导人员必须掌握的责任与权限方面的知识。例如对公司的方针、目标、规则、作业基准、安全制度、职责、业务计划、劳动协议等的了解与熟悉。我们只要在工作场所工作，就必须遵照工作场所的规定来履行应负的职责。因此，必须准确理解自己所应负的责任及具有的权限。

(3) 教导的技能

这是一种能够很好地训练作业人员，使其具备优良的工作能力的技巧。如果具有了这种技巧，可以减少浪费、失败，减少意外灾害，减少工具及设备的损坏。

一名督导人员即使具有丰富的工作知识和经验，但是如果没有良好的教导技巧，也无法将工作技巧有效地传授给别人。

如果将工作马马虎虎地、简简单单地交给别人，而对方没有学会如何正确工作，那么不仅要重新对他进行教导，而且还需要对那些因不正确工作而导致的不良品进行重新加工，或者对被损坏的机器加以修理，甚至要对因不正确工作而受到伤害的人员进行治疗等。如果督导人员欠缺教导的技能，那么就可能会增加许多麻烦的问题，增加许多额外的善后工作，导致一线主管更加忙碌。

(4) 改善的技能

这是一种对工作的具体内容加以研究、分析、优化、予以重新组合的技巧。有了这种技巧，就可以更有效地利用材料、机器、设备及劳动力。

(5) 领导的技巧

这是一种改进人与人之间的关系，使下属同心协力的技巧。如果督导人员具有这种技巧，可以使自己与下属的关系和谐融洽，能对工作场所可能产生的人际关系纠纷防患于未然，而且能够对已经发生的问题予以适当的处理。

重点提示

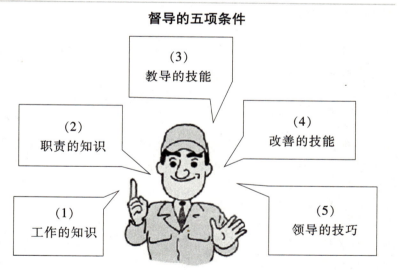

督导的五项条件

4. 督导取得成功的六大法则

(1) 提高理性思维水平

向中高级管理干部学习,站在全局高度,进行系统思考、创新思考、水平思考及前瞻性思考,增强理性分析、思考判断的能力。

(2) 培养良好的沟通能力

沟通技能是管理技能中最重要的一种。管理工作的内涵就是与各种人群和个体进行沟通,无法想象不善于沟通的管理者如何去实施有效的管理。

(3) 精通业务知识

一线主管首先必须是所负责团队的技术专家、业务骨干,否则将无法有效地教导下属以及合理地组织生产经营活动。

(4) 具备精准的执行能力

一线的督导贯穿于实现公司目标之业务流程的全部,是最重要的环节,必须迅速反应、精确行动、执行到底、落实到位。

(5) 锻炼出色的教导技巧

教导的技巧对于督导人员而言是非常重要的技能。要在工作中不断地总结经验,长期锻炼,不断提高自己的教导技巧,从而更加快速有效地教导员工,实现教导的任务。

(6) 保持学习的积极心态

活到老,学到老。21世纪的竞争可以说就是比谁学得更快、学得更多。督导人员要保持积极进取的心态，不断地学习充电，掌握新知识，适应新变化。

五、督导现状

随着时代的发展和工作的需要，越来越多的年轻人走上了主管的岗位，承担起督导的责任。但他们中的大部分都是靠师傅带徒弟的方式，或靠自己平时的摸索，"摸着石头过河"，依靠积累实际工作经验来了解、感悟什么是管理，因此缺乏系统的管理知识和管理技能。

管理学科是一门实践性科学，当然需要实践经验，但是个人的工作实践经验毕竟不系统，存在一些盲区，所以必须经过系统的培训来提高管理水平，使管理工作由自发上升到自觉的层次。

目前企业一线主管的督导现状，主要有以下几种类型：

➡ *业务主导型*

业务主导型的一线主管往往都是些业务尖子、技术骨干，但他们在督导方面缺乏人际关系的协调能力，工作方法通常都比较简单，常常用对待机器的方法来对待人，用简单对待自然科学的方式来对待复杂的社会现象和人际关系。

➡ *激进蛮干型*

激进蛮干型的一线主管大多是新官上任，他们一方面对工作具有极大的热情，积极努力，但在督导能力方面往往缺乏人际关系的良好基础和适当的管理能力，表现为态度和作风生硬，给人一种官僚主义、盛气凌人的感觉。

➡ 踏实苦干型

踏实苦干型的一线主管一般都对工作踏踏实实、勤勤恳恳，但在督导能力方面欠缺必要的技巧和才智。如果不对其进行增强督导能力方面的培训，他们是很难胜任领导工作的。

➡ 得过且过型

得过且过型的一线主管本身并不热衷于督导工作，恪守中庸之道，不愿意得罪人，上任后往往采取无为而治的做法，对工作没有责任心，凡事都做好好先生。这样的人实际上完全是徒有虚名，在班组成员中势必也没有任何威信。

➡ 义气当头型

义气当头型的一线主管对待下属常常是称兄道弟，像哥们一样，在督导工作中自然也容易义气用事、感情用事，缺乏原则性，实际上把自己混同于小团体的小头目，没有发挥作为督导人员应有的作用。

总之，现在的一线主管的督导能力由于种种原因，总体上不令人满意，所以导致了很好的企业决策在最基层却得不到有效的贯彻和执行，严重影响了企业的最终效益，甚至还损害了企业的良好形象。

因此，加强对一线主管的督导能力培训至关重要，一线主管提升自己的督导素质也势在必行。

[自检]

1. 下表中列出了三类主管及其班组的工作情况,请你针对三个班组的工作情况分别对三位主管的督导能力进行评价。

类别	工作现场人员			一天的工作量			你的评价
	作业人员	督导能力	总人数	作业人员平均量/人	总产量	全体人员平均量	
A	10人	督导能力徒有虚名,和作业人员没有区别	10人	1个	10个	1个	
B	9人	专职班长1人	10人	1个	9个	0.9个	
C	8人	专职班长1人,兼职训练员1人	10人	1.5个	12个	1.2个	

2. 你对自己的督导角色认知有多深?填写下表,明确自己的角色定位,并在工作中不断地提高自己对于督导角色的认知能力。

对督导职权范围的准确把握	
领导对你在督导方面的期望值	
下级对你督导方面的期望值	
你的督导角色定位	
你的督导角色错位	

本章小结

督导工作职责认知四阶段

➡ 第一阶段——适应新环境

1. 督导工作和类型分析
2. 21 世纪的督导特征

➡ 第二阶段——职责认知

1. 督导的主要职责
   ——劳务管理职责
   ——现场管理职责
   ——辅导上级职责
2. 明确督导范围

➡ 第三阶段——角色认知

1. 督导的角色功能
2. 督导的角色定位
3. 常见的督导角色误区

➡ 第四阶段——技能要求

1. 不同管理层的权重比例
2. 督导的管理原则
3. 督导的成功关键

心得体会

第二章 工作教导

 本章重点

◎ 教导准备四阶段
◎ 工作教导四阶段
◎ 三种特殊教导方法
◎ 教导方法的反省

一、教导准备四阶段

准备是工作过程中的重要部分，在开展督导工作之前，做好工作教导尤为重要。在工作教导过程中，作为教导之前的准备，有以下四个事项一定要完成。如果没有完成这些准备，就无法达成满意的教导效果。

1. 制作训练预定表；
2. 制作工作分解表；
3. 准备需要的东西；
4. 整理工作场所。

下面将按照顺序对此四项工作进行说明。

1. 制作训练预定表

周详的计划是成功的开始。对作业员的训练，要事先拟订好计划才能顺利进行，临时抱佛脚则不会有好的效果。

通过制作《人员训练预定表》（见附录1），将可以收到以下三个效果：

- 清楚地掌握工作场所的现状；
- 清楚地了解急需训练的事项；
- 清楚如何安排教导计划。

换句话说，就是要计划好

- 训练谁？
- 训练何种工作？
- 何时完成训练？

对此要做出明确的回答。

现在来说明制作训练预定表应注意的事项：

（1）将制作者的姓名、工作场所名及制作当天的日期记入左上角。

（2）在"姓名栏"填写作业员姓名，男女的区别可以通过在其一侧记上符号来识别。

（3）在"名称/等级"栏，当有多种工作时，写下各种工作名称；当工作名称相同时，根据工作要求的等级、熟练度或机器的类别、尺寸分别填写。对于作业员能熟练操作的作业，记入"√"符号；对于作业员熟练程度较差的作业，记入不同的符号，如"△"。

（4）在"人事异动及工作情况"栏，应填入每一作业员在人事关系（退职、升迁、岗位转换、长期缺勤、长期出差等）、工作情况（失败、受伤、损坏工具或设备，工作效率比别人慢等）方面的具体情况。

（5）在"生产上的变化"栏，就每一项作业检讨现在的工作进度是否符合生产目标、将来的生产或业务计划有什么变更（业务量的增减，新产品的开发）等情况后，填入相关信息。

（6）如果将以上各项毫无遗漏地填入，就可以充分把握工作场所的现状。以此为基础，充分检讨各项情况的相互关系，就可以明确哪些是训练必要点，明确训练必要点之后就要决定训练谁、训练何种工作以及何时完成训练。除了要综合考虑以上情况外，还需考虑自己的工作情况或忙碌情形，以此来决定完成训练的时间。

（7）当突然发生作业方法或设备、器材的变更，有必要进行新的训练时，要立即跟上司商量考虑训练谁、训练何种工作及何时完成训练，将新作业名称或支持者等必要要素填入。

（8）在作出有训练必要的决定之后，依照作业顺序进行工作分解，将分解序号填入训练预定表的工作分解号码栏内。

训练预定表仅需要 10～15 分钟就可以很容易地制作完成。

2. 制作工作分解表

通过制作《工作分解表》（见附录 2），一线主管可以将要教导的内容以科学合理的顺序整理出来。如果没有做好工作分解表，就不能遵循正确的方法进行教导。所以在训练预定表中明确了必须教导的作业之后，不论是教导有经验者，还是教导无经验者，都必须要对将要教导的作业进行分解。

督导人员通过制作工作分解表，可以收到以下效果：
- 充满自信；
- 按照合理的顺序进行教导；
- 不会浪费时间；
- 不会遗漏注意事项；
- 清楚地强调要点；
- 确认学习者已了解；
- 反省并改善工作方法。

工作分解是以一次所能教导的分量（单位）多少来作为原则的。确定一次教导的分量，要综合考虑学习人员的学习能力、一次所能学习理解的量、作业本身的区分以及一线主管一次所能支配的督导时间等因素。

制作工作分解表应注意的事项有以下三方面：

（1）填写工作分解表标题时的注意事项

①NO.＿＿＿＿

在这里要填入工作分解整理号码。依照号码顺序装订，便于在有作业指导需要时方便取用。

②作业/工作

在这里要填入所要指导的作业名称（注意是分解的工作名称）。

③工作物

在这里要填入所要指导作业的主要对象物，例如配线作业的工作对象物为电线、绝缘板、灯头和环。

④工具

在这里要填入完成作业所需要的工具，例如螺丝刀、锥子、老虎钳等。

⑤材料

在这里要填入完成作业所必要的消耗品，例如糨糊、油、破布等。

(2) 决定主要步骤时的注意事项

①主要步骤就是能促进工作顺利完成的主要作业程序。

②主要步骤必须依实际进行的工作来决定。如果单凭想象来做工作分解，将会遗漏步骤，或者出现多余的动作，从而无法将工作分解做得很完全。

③即使是相同的作业，也要依照学习者的能力大小，来调节主要步骤的大小。针对学习能力较强的人时要大一些，针对学习能力较差的人时要小一些。有时为了易学易懂，对于学习能力较差的人，也可以将一个完整动作分解为若干个步骤。

④作业中包含有检查、点检、测定等动作时，将其作为一个主要步骤，指导时比较不容易发生遗漏。

⑤尽可能用简洁明了、通俗易懂、富有具体表现力的语言来描述主要步骤。如果表述语言与实际动作不一致，或者过于啰唆，语义含混，都将会使学习者感到迷惑难解。

(3) 决定要点时的注意事项

①要点就是为了正确地实施一个主要步骤的关键。按照重要程度排序，要点主要分为以下三种。

第一种：事关工作成败的关键者——质量；

第二种：会发生危险、使工作人员受到伤害之顾虑者——安全；

第三种：某些事项或动作能使工作容易达成者（秘诀、技巧、恰到好处的时机、特别的知识，等等）——易做。

②要点是要考虑"怎样做"，应与主要步骤的"做什么"相对应，必须从每一主要步骤实际所做的动作为出发来提炼要点。

③寻找要点时也要和决定主要步骤时一样，要充分考虑学习者的能力程度，避免浪费、勉强、遗漏等情形。

④要点要配合学习者的能力程度，而不是以指导者自己的能力为标准。指导者对于自己现在驾轻就熟的事情，一定要多想一想当初自己学习时做得不顺利时的情况，尽可能在总结要点时，做到全面完整、没有遗漏。

⑤对于学习能力较强的人，要点提炼一定要精准。如果把许多琐碎的事项都提出来作为要点，可能反而会使学习者把真正关键的要点忽略漏掉了。

⑥一个主要步骤中如果有好几个要点时，要按照作业动作顺序填写。

⑦一个主要步骤如果有四、五个以上的要点时，最好将其再细分为多个主要步骤，可使学习者较容易学会。

⑧记入要点时，尽量不要使用抽象的语言（例如确实地、正确地、充分地等），应按照下面所举的例子，记入具体的工作方法。

主要步骤	要点			
重叠胶带	确实地	正确地	成直线地	用量规抵住
	×	×	O	O

主要步骤	要点			
折叠申请用纸	整齐地	不要歪斜地	纸边要对整齐	……
	×	O		

备注:"×"表示不好的记法;"O"表示好的记法。

⑨某些不易描述的内容,比如手用力的程度、手触摸的感觉、颜色的程度、声音的情况等,如果要用文字来表达,就容易啰唆且表述不清,不如采取展示或者感觉的方式。对于这些要点,不妨先用简洁的文字来表达,再用括号注出感觉或展示给他看,表示指导时所需要采取的方法。

小知识

教导下属的4R模型

下面举三个例子来说明工作分解的详细过程,以供大家参考。

例1:在某一工作场所实施配线作业训练的工作分解实例

说明:对于有经验者,是以整套作业为一个单位实施训练,分为四个主要步骤;而对于无经验者,是将有经验者的一个步骤作为一个单位,共分为四个单位,每一个单位里再划分主要步骤。

NO. 作业：配线　　　　　　　　　　　　　　　　　　**有经验者用**

　　工作物：电线（5色）、绝缘板、灯头、环

　　工具与材料：焊具、灯头装配工具、焊具台、焊锡丝、绳子

主要步骤	要　点
1. 暂结电线	
2. 准备焊接	焊具与焊锡丝置于右侧（展示）
3. 焊接灯头	一面转动装配工具
4. 焊接绝缘板	端子的颜色与线的颜色要相符合

NO. 作业：暂结电线　　　　　　　　　　　　　　　　**无经验者用**

　　工作物：电线（5色）、绝缘板、绳子、环

　　工具与材料：线、绳子、环、绝缘板

主要步骤	要　点
1. 收集5色的线	
2. 成为一束拉直	对齐一端
3. 套入两个环	从对齐的一端开始
4. 通入绝缘板的孔	在未对齐的一端留出约8cm的长度
5. 用绳子结紧	打一次结

例2：处理事务关系的人员所做的工作分解实例

　　NO. 作业：电话的打法

　　　　工作物：电话机

　　　　工具与材料：号码表、备忘录、铅笔

主要步骤	要 点
1. 确认对方	电话号码、所属单位、姓名
2. 拿起听筒	用左手，备忘录置于右手边
3. 拨电话号码	
4. 说出自己公司名	
5. 说出通话内容	确认对方的姓名和事由，发音要清楚
6. 放回听筒	放回听筒之前先停顿3秒

 小知识

工作技能的五个层次

层次	状态	说明
第一层次	不知道	知识不足
第二层次	知道，做不到	培训不足
第三层次	知道，部分能做到或能做到某种程度	培训不足
第四层次	知道，能独立、完全做到	有体验
第五层次	知道，能独立、完全做到，还能教人	可转移技能

例3：ABC三人共同作业（合唱式）的工作分解实例

NO. 作业：轴的磨合与装配

　　工作物：逆转轴、轴承

　　工具与材料：红丹

A（起重机操作人员）		B（磨合装配人员）		C（磨合装配人员）	
主要步骤	要点	主要步骤	要点	主要步骤	要点
		1. 在逆转轴	以V字形水平		
				2. 给轴承涂上红丹	均匀地
3. 置于轴承上	静静地				
		4. 盖上轴承盖	对整齐位置（右侧）	4. 盖上轴承盖	对整齐位置（左侧）
		5. 转动	2～3次	5. 转动	2～3次
		6. 取下盖子	右侧	6. 取下盖子	左侧
7. 吊上	静静地				
		8. 磨去接触部分	右侧的做到全部均匀	8. 磨去接触部分	左侧的做到全部均匀
		9. 清理	清除尘埃		
（右侧）	9. 清理	清除尘埃			
（左侧）					
10. 放置于轴承上面	静静地				
		11. 加盖	对齐位置		
（右侧）	11. 加盖	对齐位置			
（左侧）					
				12. 加锁	两侧要一样，锁紧（感觉）
		13. 拿掉钢索			

管理名言

> 美国钢铁大王安德鲁·卡内基（Andrew Carnegie）曾有一句名言："带走我的员工，把工厂留下，不久之后工厂的地板就会长满杂草；拿走我的工厂，把我的员工留下，不久之后我们会有个更好的工厂。"

3. 准备所需物品

教导前必须将必要的东西全部准备好。临时凑成的工具、设备、材料等物品，将会影响教导工作的正确性、有效性，亦将令作业员（学习者）失去对督导人员（指导者）应有的尊敬。

设备和工具是正规材质和规格的，材料和消耗品亦要准备充分。

做好工作分解表后，要留心工作分解表上标题栏内写有的工作物、工具及材料等物品的准备情况。由于在教导的第二、三阶段要使用的工作物、材料以及消耗品的数量相当多，所以最好将必要的数量记在工作分解表上，并准备充足的数量。

另外，如有必要，还应准备白板、书写笔、模型或样品这类教具。

4. 整理工作场所

工作场所的整理整顿是作业安全的第一步，设备、机器、工具类的点检、整备对于作业安全也具有不可忽视的重要作用。在开始工作之前首先整理工作场所，这对于保障作业安全、提高生产品质、保持工作场所正常秩序等都具有极为重要的意义。督导人员要为学习者示范正确的行为，以身作则，对工作场所进行充分的整理整顿，这样将有助于学习者养成正确的工作习惯。

重点提示

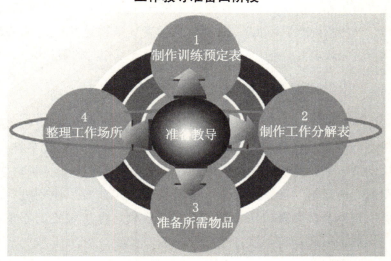

工作教导准备四阶段

1 制作训练预定表
2 制作工作分解表
3 准备所需物品
4 整理工作场所
准备教导

二、工作教导四阶段

使用上述的准备方法完成教前准备后，就要使用工作教导四阶段法来指导作业员。通过使用工作教导四阶段法，正确有效地指导学习者，使其迅速掌握所学内容。

下面将按照操作顺序来说明工作教导四阶段法的具体内容。

1. 第一阶段——学习准备

为了顺利推行工作，事先准备是非常重要的。准备的充分与否，可在很大程度上影响事情的成败。进行教导工作时，亦要做足准备工作。前文已讲过教导者（督导人员）所要做的准备工作，这里所讲的学习准备，是针对学习者（被教导者）而言。使学习者完成学习准备，是教导者在进行教导工作时的第一步。

（1）让学习者保持轻松的心情

一般人在向上司或前辈学习新东西时，往往容易紧张。紧张将会使人心思不定，动作不稳，甚至连正常的能力水平都无法发挥出来，更谈不上超常状态的出现了。如果作业员带着紧张的心情开始学习，将使督导人员的教导工作难以顺利进行。所以教导者有必要设法使作业员平心静气，保持轻松的心情，一如平常的状态。

但需要注意的是，学习是一件需要认真对待和花力气的事情。如果让学习者过于轻松，那就是松懈了。松懈的状态不利于作业员认真学习。这是要加以避免的。

（2）将学习内容告知学习者

大多数学习者都会因为无法预知学习内容而感到不安。所以教导者要将学习内容告知作业员，使其对将要学习的工作有心理准备，消除不安的心理状态。

（3）了解学习者对工作的认识程度

如果教导的内容是学习者已经知道的事情，那么就是在浪费时间。相反，如果认为学习者已经知道而省略教导这一过程，但实际上学习者却并不掌握该项工作技能，那么就会使学习者错过学习的机会，不具有完成工作的技能。因此，了解学习者对将来所做工作的认识程度，对教导者来说是很有必要的。

（4）制造使学习者乐于学习的气氛

如果对方没有学习的意愿，那么，无论教导者如何详细地加以说明，如何仔细地做出示范，对方可能都会当作耳边风或视而不见。为了避免这种情形发生，教导者需要将学习的重要性告知学习者，营造出使其乐于学习的气氛。

（5）使学习者进入正确的位置

为学习者选择其方便学习的位置，使学习者不会看漏了、容易看到、容易试做、没有危险、不会产生错觉、不会受周围干扰等影响，同时，便于教导者的指导。

2. 第二阶段——传授工作

因为学习者尚没有足够的能力来正确地开展工作，所以才有教导的必要。向学习者传授工作方法，是教导工作中最重要的方面。

（1）讲解并演示主要步骤

主要步骤就是工作的大致程序。教导者要一面演示正确的动作，一面按照合理的顺序，用使人易于理解的语言，将主要步骤一步一步地加以说明，便于学习者理解和掌握。

（2）强调工作要点

要点就是为确保正确工作应特别注意的事项，亦即有关工作质量、工作安全、工作技巧等方面的注意事项。在学习者掌握了工作的主要步骤之后，就要使其了解工作要点。这时，教导者要一面展示动作要点给学习者观看，一面以简洁的话语明确地加以说明。一定要重点突出，反复说明，使学习者加深印象并牢牢记住。如果在强调要点的时候，又混合了要点以外的其他事项，则会使真正重要的要点反而得不到突出，使学习者不容易记住。

（3）清楚地、完整地、耐心地教导

在传授工作阶段，必须以清楚的语言、清楚的动作、完整的步骤进行教导，力图避免遗漏和疏忽。如果以忙碌为借口，通过不清楚、不完整、不耐心的教导，就让学习者从事正式工作，那么在多数情况下，将会导致工作质量低下，浪费时间，并引出其他的问题来，而再去做这些问题的善后处理工作，以及重新加以教导，将会花去督导人员更多的时间。所以，无论教导者多么忙碌，都要按照正确的教导方法，清楚地、完整地、耐心地对学习者进行教导。

（4）不要超过学习者的理解能力

勉强是有害无益的。如果强迫对方做超过他的理解能力的事情，那就容易导致对方产生自卑感，或者对指导者产生反感，更有甚者因此而产生厌倦的心理。因此，在传授工作阶段，要因人而异，因材施教，根据学习者的学习能力来调整教导工作的进度和重点。

3. 第三阶段——试做

人们常说，实践是最好的老师。知道是一回事，实践又是一回事，知与行不能一致的情形并不少见。对于学习者而言，仅仅靠听、靠看的方式，对所要从事的工作是不能真正理解透彻的。所以在传授工作完毕之后，教导者应该让学习者尝试实际操作，在身体力行的过程中加深学习，达到知行合一。

（1）让学习者试做，改正错误

首先让学习者实际做一遍。在此过程中，如果有错误，立即加以改正。不要使学习者从一开始就养成不良的工作习惯。

（2）让学习者一面试做，一面说出主要步骤

让学习者一面做动作，一面将主要步骤说出来。如果学习者掌握了工作程序要求的动作，那么工作的主要步骤也就比较容易说得清楚。通过把主要步骤说出来，学习者还可以再次确认工作程序，并且牢记在心。

（3）再让学习者做一遍，同时说出要点

即使学习者在动作上能够正确地领会要点，也不一定意味着他真正理解了要点之所以是要点的理由，也不一定说明他是有意识地按照要点在做。教导者无法仅仅根据学习者的动作表现来判断这一点，所以有必要让学习者再做一遍，要求他一边认真做，一边细心体会，同时说出要点，再将要点在脑中加以整理，最终确认其是否已记下来。

（4）教到学习者确实了解为止

在让学习者试做阶段，教导者必须要确认学习者的学习情况，是否已经完全掌握了在第二阶段所教导的内容，包括工作动作、主要步骤、要点以及要点之所以是要点的理由。如果没有，那就要再次传授工作，一定要教到学习者确实掌握了上述内容为止。

4. 第四阶段——考核成效

(1) 让学习者开始工作

如果能够确认学习者确实知道工作应该怎样做了，那么就可以让他独立自主开始工作，成为一名正式的作业员，使他真正对工作负起责任来。

(2) 指定协助人员

在实际工作中，常常会产生许多新问题，不是一次就能解决的，需要依靠经验去处理。所以对于刚刚开始工作的学习者而言，教导员需要为他指定一名或几名协助人员，以便他在出现问题时可以寻求帮助。不要让学习者为要请教什么人而困惑，而要让他随时都可以得到有经验者的指导。

(3) 常常检查

学习者在正式工作初期一般都容易疏忽大意，产生错误，教导者一定要常常去检查其工作，仔细查看其发生错误的地方，必须要对其错误在定型以前就及时加以修正。学习者也会在工作不熟练的时期，对经常来指导的督导人员怀有感激的心情。

(4) 鼓励发问

学习者往往会因为敬重于教导者或不愿意让别人知道自己的学习能力差等所谓的虚荣心理作祟而不愿意轻易提问，以致不懂装懂。所以身为督导人员的教导者应设法制造鼓励提问的气氛，使学习者明白提问的必要性，乐于提出问题。

(5) 逐渐减少指导

经过一段时间，学习者逐渐成为熟练作业者，对他的指导也应当相应减少。如果对方已经在熟练工作了，那就没有必要仍然按照教导初期的做法常常去检查。这么做不仅浪费时间，而且也让对方感觉你仍然把他当作未熟练者来看待，从而可能产生反感或不被信任感，影响其工作积极性。

但是逐渐减少指导，并不意味着撒手不管了。督导人从此要把学习者当作一般的作业员来对待，要继续对其进行一般作业员层面的指导。

如果严格依照上文所述的四阶段法来进行工作教导，那么一定能够让学习者很快学会所教导的工作。如果不照这样去做，学习者可能花了很长时间都还学不会。所以教导者应将"对方没有学会，是因为我没有教好"的观念置于自己的脑中，不断地加以反省，依照工作教导四阶段法，尽心尽力做好教导工作。

重点提示

工作督导四阶段

1. 学习准备
(1) 让学习者保持轻松的心情
(2) 将学习内容告知学习者
(3) 了解学习者对工作的认识程度
(4) 制造使学习者乐于学习的气氛
(5) 使学习者进入正确的位置

2. 传授工作
(1) 讲解并演示主要步骤
(2) 强调工作要点
(3) 清楚地、完整地、耐心地教导
(4) 不要超过学习者的理解能力

3. 试做
(1) 让学习者试做，通过试做纠正错误
(2) 让学习者一面试做，一面说出主要步骤
(3) 再让学习者做一遍，同时说出动作要点
(4) 直到教到学习者确实学会为止

4. 考核成效
(1) 让学习者开始工作
(2) 指定协助人员
(3) 常常检查
(4) 鼓励发问
(5) 逐渐减少指导

> **小知识**

教导的三个层面

层面	内容	说明
第一层面	教具体内容	教人具体怎么做,包括具体的内容和方法
第二层面	教思维方法	教人怎么思考问题,包括确立思维模式
第三层面	教思想观念	教人的思想,包括价值观念

三、三种特殊教导方法

1. 冗长工作的教导方法

对于无论怎样努力都无法一次教导完的冗长工作,可以结合学习人员的能力,划分为几段,然后每一次均只教导一段的作业内容。

如下例,见表2-1。

表2-1 各作业内容的教导方法

单位	作业内容	主要使用的教导阶段
1	捆包机器的构造与安全操作、点检	1,2,3
2	集成与检数	2,3
3	装箱与捆包作业	2,3
4	填写发货单与送交发货场所	2,3,4

注:单位是指一次可以教完的分量。

2. 嘈杂工作场所的教导方法

在嘈杂的工作场所,学习者很难听清楚教导者的解说。教导者应采用以下方法,以保证让学习者听得清楚明白:

(1)使用图片、挂图、照片、模型等教材、教具,或者写出来给他看。

(2)尽量减少一次教导的量。

(3)把教导的每一步骤重复多次。

(4)尽量在现场教导,不得已时,可以带他到较为清静的地方说明。

3. 感觉与秘诀的教导方法

(1) 感觉的教导方法

有人认为学习要找到感觉是相当困难的事。但是如果学习者从最初就接受了什么是感觉、如何去找感觉等这些方面的教导,当然就会比不教导他时更快速、更容易地学会。对于正确的感觉方法或感觉的调节程度等知识,要采取具体的、合理的教导方法,使其学会。

①告知学习者"……的状态较好,有××的声音时是……的状态"等,并使其亲自体会正常的状态。

②鼓励学习的人"照这样做做看",让他从最初就开始试做。

③检查学习者的工作结果。做得正确就加以赞赏;如果不符合要求,就再要求他一面试做一面体会正确的状态应该是怎么样的。

(2) 秘诀的教导方法

秘诀伴随工作技能而产生,熟练者因为精通于自己的工作,所以几乎意识不到秘诀的存在。秘诀的教导方法的要领就在于将程序动作加以细分检讨，找出包含秘诀的动作、要点，再进行指导。

例如，计算需用纸张数量时的程序如下：

①对齐；

②展开；

③弹开。

在这道工序中，①和③比较容易，没有指导的必要，而②则不容易做好，因为②"展开"是含有秘诀的。

下面将"展开"来进行工作分解，具体为一个一个的步骤，然后找出要点的存在。

表2-2 纸的展开方法

主要步骤	要点
（1）折	以手指的背面轻轻地压
（2）抓	一面拉
（3）扭	以大拇指为轴轻轻地翻转

小知识

学习的基本过程

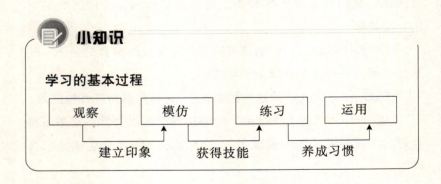

四、教导方法的反省

人不经常反省就不会有进步,各位督导人员不要认为教导工作进行过一次以后就万事大吉了。教导工作同其他任何工作一样,需要不断地总结经验教训,不断地加以改进完善。

下面这张《教导方法反省表》,将有助于教导者对自己的教导工作进行反省总结。使用这张表的时候,在每一项后面,如果做得好,就画上"○"记号,如果做得不好,就画上"×"记号。对于画上"○"记号的事项,就要作为经验加以保持;对于画上"×"记号的事项,就要作为教训,在下次教导时特别加以注意,避免再有相同的问题发生。

表 2-3 教导方法反省表

阶段	项目	自检
教导前的准备	1. 是否预先制作好训练预定表? 2. 是否做好工作分解表? 3. 材料、工作物、工具等是否放置在工作场所的正确位置? 4. 机械或工具是否准备妥当? 5. 是否已具有教导的态势? 6. 穿着是否整齐?姿态是否得体?	

（续）

阶段	项目	自检
第一阶段：学习准备	1. 是否制造出轻松而不拘束的气氛？ 2. 是否将学习者介绍给附近的作业员？ 3. 是否告知作业的名称？ 4. 是否让学习者看过成品？ 5. 是否知悉学习者对于这项工作认识的程度？ 6. 是否使学习者乐于学习（对作业产生兴趣）？ 7. 是否将安全装置、装具交给学习者，并且加以说明，给予明确的指示？ 8. 是否将其工作与整体流程的关系加以说明？ 9. 是否使学习者进入正确的位置？	
第二阶段：传授工作	1. 有没有依照工作分解表来教导？ 2. 说明步骤时，有没有清楚地加以区分段落，取适当的间隔，讲给学习者听，做给学习者看？ 3. 有没有写给学习者看？ 4. 有没有强调要点？有没有教导要点之所以成为要点的理由？ 5. 对不常听的字名或专门用语有没有不加任何说明就予以使用？ 6. 对于事先准备不充分的事，有没有道过歉或辩解过？ 7. 说话时是否使用大家都能听到的较大声音？ 8. 是否耐心地教导？	
第三阶段：试做	1. 是否让学习者沉默地试做一遍，确认过有没有错误？ 2. 当学习者有错误时是否立即加以修正？ 3. 是否让学习者一面试做，一面说出主要步骤？ 4. 有没有让学习者充分了解要点及成为要点的理由？ 5. 有没有使用过"为什么"的质问？ 6. 有无需要重新教导的地方？ 7. 对表现良好的学习者是否加以赞赏？	

（续）

阶段	项目	自检
第四阶段：考验成效	1. 有没有指定协助的人？ 2. 有没有强调作业的质要比量重要？ 3. 有没有常常进行检查？ 4. 有没有鼓励学习者提问？ 5. 有没有逐渐减少指导？	

　　公司也应该对督导人员的教导成效及学习人员的学习效果进行评价。可由公司组织相关人员对教导人员的培训方法与培训技巧进行评价，同时还应对学习人员学习的效果与应用情况进行评价，评价项目、评价标准，请参见附录3《工作教导评价表》。可由公司设定适当的评分成绩标准，当达到规定的分值标准时即予以通过，否则应指出需要改善的项目或内容，使教导者和学习者均得到改善和提升。

小知识

教导成功的关键

关键一

带：带人、待人，使其尽快适应

关键二

告：告知其学习内容，并对其疑问给予反馈

关键三

教：指导、教育，使其真正学会

关键四

示：提供示范，给予模仿的机会

关键五

迎：欢迎参与，并肯定其学习成果

关键六

保：因其人生地不熟、不了解制度规定，给予保护和帮助

教导成功的秘方

秘方一　营造友善、尊重、关怀的气氛

秘方二　给予价值感、使命感

秘方三　工作趣味化，管理人性化

秘方四　成果挑战性，过程刺激性

提醒您：

韩非子曾说过："下君尽己之能；中君尽人之力；上君尽人之智。"可见，要想成为一名优秀的管理者必须启发、调动和运用下属的智慧，如此方能使自己的工作更加轻松，部门和公司的目标更容易达成。

本章小结

教导准备四阶段

➡ 第一阶段——制作训练预定表

➡ 第二阶段——制作工作分解表

➡ 第三阶段——准备所需物品

➡ 第四阶段——整理工作场所

工作教导四阶段

➡ 第一阶段——学习准备

（1）让学习者保持轻松的心情
（2）将学习内容告知学习者
（3）了解学习者对于工作的认识程度
（4）制造使学习者乐于学习的气氛
（5）使学习者进入正确的位置

➡ 第二阶段——传授工作

（1）讲解并演示主要步骤
（2）强调工作要点
（3）清楚地、完整地、耐心地教导
（4）不要超过学习者的理解能力

➡ 第三阶段——试做

（1）让学习者试做，纠正错误

(2) 让学习者一面试做，一面说出主要步骤

(3) 再让学习者做一遍，同时说出要点

(4) 直到教到学习者确实掌握为止

➡ 第四阶段——考核成效

(1) 让学习者开始工作

(2) 指定协助人员

(3) 常常检查

(4) 鼓励发问

(5) 逐渐减少指导

心得体会

第三章　工作改善

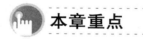
本章重点

◎ 工作改善的心理障碍
◎ 工作改善四阶段
◎ 作业选择表
◎ 工作改善的其他事项

一、工作改善的心理障碍

改善,从字面上看,表示两个行为,即"改"及"善"。所谓"改",简单地讲,就是将过去的功能、动作或行为加以变更;所谓"善",当然是表示比以前做得更好、更轻松。

虽然人人都希望能做得更好,但在另一方面却又有安于现状的惰性心理。企业是众人的结合体,任何一项改善的活动都会触及到一部分人的利益。基于人的"安定心理",在推动改善行动时,往往会有以下障碍因素的干扰:

1. 念旧的困扰

记忆是人类的特性之一,往事往往会在脑海中挥之不去,占得一席之地,而改善很可能是否认以往做过的事情,一切重新开始,一切从头再来,因此很容易产生新旧之间的矛盾,而人们也很可能因缅怀过去而不能很快地接受新的现实。

2. 安于现状

现状是人们经过长时间的适应、认识而熟悉的,人们对此都有一套适应的办法了。除非极不合理,否则很少有人愿意改变现状。可是对于新方法,或许是一项非常好的改善措施,要适应它,总得花费一段时间和精力,这对喜欢安定的人来说是颇为痛苦的;而且它将改变现状,引发新的未来,而未来相对于现状,对于众人来说总是比较陌生的,不易于被接受的,于是人们心中的怀疑和保护行为就油然而生，具体表现就是安于现状而拒绝未来。

3. 阴影的困扰

有一家汽车零件制造厂，因为工作改善后，人员多出来了，公司就裁掉了部分员工，从此该公司员工闻改善色变，再也没有人敢提改善之事了。其实该公司还有很多事情需要改善，但是缺乏一个整体的规划，从而给大家造成心理阴影。因此，企业在进行改善活动时，应小心避免给员工造成"改善即失业"的错觉，而要使大家感到"改善即提高"，从而乐于接受它。

4. 因为反对人而反对事

在某次讨论会上，A先生对其公司现行的提案表格提出修正建议。笔者看过后，也认为有改善的必要。因为该公司现行的表格是仿照三十年前日本某公司的格式，许多地方已经不符合当今时代的要求。但公司管理层表决的结果却是三比一，A先生的提议被否决了。原来是投反对票的三人，都是因为反对A先生才反对该提案的。

5. 缺少问题意识

问题意识是改善之母——如果大家都缺乏问题意识，那么就根本不会产生不满，也就不会思索改进；不想改进，改善的意念也就无从而生了。问题会给企业带来困扰，但也会给企业带来进步。困扰是可以克服的，而进步正是我们所追求的。因此，鼓励员工成为具有问题意识的员工，是很有必要的。

6. 缺乏对改善的认识

一般人总是认为改善是专业工程师的事，因此，把改善看得很困难、很严重，而不太愿意接纳它。其实改善的领域太广了，除了一些大型的改善或许由工程师来执行较妥当之外，像很多日常的生产技巧、包装、搬运、行政作业等，经手人应该最了解，如果由他们来动脑筋改善，更易收到事半功倍之效。因此，强化员工对改善的认识和了解，势在必行。

7. 缺乏改善的技巧

很多工厂有共同的苦恼，即员工虽有心改善，却不知怎样着手进行。工欲善其事，必先利其器，否则空有一腔热忱，也是于事无补。更何况，热忱就怕冷水泼，经历一次、两次、三次的失败，斗志就会被瓦解。因此，加强改善技能的训练，也是不可忽视的。

重点提示

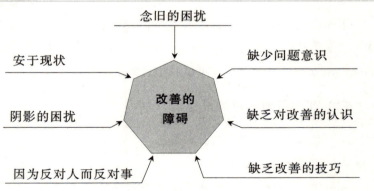

二、工作改善四阶段

工作改善方法是指有助于使现有劳动力、机器设备及原材料有效运用，达到最高效率，同时提高生产效率和产品品质的方法。

这里所说的工作改善，并不是指大规模的机器、设备的改善或配置变更等，而是谋求活用身边现有的劳动力、机器、材料等资源，消除浪费，使工作更加有效、经济地进行。

工作改善有四个阶段，下面进行详细说明。

1. 第一阶段——工作分解

- 完全按照现行的工作方法，对作业进行工作分解
- 把分解出来的细目列举出来

工作改善的第一步，就是通过工作分解，将现行作业的实际状况，正确地、完整地加以记录，掌握与作业有关的所有事实。如果工作分解做得很完全，可以说改善效果已达成了一半。

(1) 工作分解的目的是什么

——掌握完整正确的实际状况。

——发现改善的必要点。

——将每一个细目，按顺序毫无遗漏地加以调查。

（2）细目是什么

细目就是细小的事项。作业中的每个动作都可看作为一个细目。

以收音机壳板的制作与包装为例，整套作业程序可以分解为以下细目：

——检查、排列12张铜板
——检查、排列12张黄铜板
——将铜板与黄铜板分别堆叠在铆钉之右侧
——将铜板铆钉（至少3组）放好
——将各壳板盖印，堆叠在作业台上
——将12组装入搬运箱
——将35千克的搬运箱运到距离15米的磅秤处
——过磅，将重量记入传票
——由搬运工将搬运箱运到距离30米的包装场所
——由包装工从搬运箱取出壳板，以200为一组装入包装箱
——由包装工加盖，附上地址及收件人
——搬运工将空的搬运箱运回原处

在上例中包含有三种作业形态：搬运作业——搬运材料及箱子；机器作业——铆钉；手工作业——排列、对齐、盖印等。

任何工作均可概括区分为以上三种基本作业形态，而每一种基本作业形态里的动作都可以立为细目。

（3）细目如何分

细目分得愈细致，对细目的核检就会愈彻底，相应的，工作改善也就可以做得愈全面。

但是，细目的大小程度究竟如何确定呢？可从实际情况出发，视作业的目的或作业的内容、范围等情形来判断决定。

（4）细目如何表述

原则上，细目的描述应当采用具体、简洁、明确的语言，如表 3-1 所示。

表 3-1　细目表述方法

O（正确的表述）	×（错误的表述）
走到……	去取
转动扳手	用扳手锁紧
将把手拉下	钻孔
观察物品的伤痕	检查物品
等待 10 秒	稍微等待

（5）摘要如何表达

摘要是对每一个细目所包含的动作要点或注意事项加以简要概括的说明。

需要注意的是，摘要是记录作业动作要点、实际工作的状态或条件，而并不是对已经取得的实际成绩的描述，或是对预先想到的问题的处理说明。

摘要栏除了要记录有关距离、时间、公差、不良、安全、姿势、重量、方法、环境、困难、形状、强弱等方面的情况外，有时候也要填入该细目所要求做的动作名称。

如果对一个细目进行再度深入地分解，写出了多条摘要，那么就可以从多个角度来检讨细目，从而也有可能导出多条改善的构想，如表 3-2 所示。

表3-2 摘要表述方法

细目	摘要	
	O（正确的表达）	×（错误的表达）
锁紧 将箱子拿起 握紧	有时会受伤 30千克，需用2个人，不容易拿 把柄易滑	注意不要受伤 注意不要掉下去 紧紧地握着

（6）在什么场所进行工作分解

工作分解必须要在现场一面观察一面进行。单凭假定和想象是不能掌握事实真相的。

（7）工作分解时应注意什么

在进行工作分解时，一定要向作业员充分说明工作的目的，将工作分解卡片拿给他看，使作业员对此有全面的了解。如果不这样做，有时将无法准确掌握作业的实际状况。

（8）其他留意点

- 依据前面提到的《作业选择表》来决定要把作业分解到哪一范围。
- 细目尽可能地取小一些。
- 要毫无遗漏地纪录每一条细目，包括等待的动作。
- 分解重复的作业时，要按个人别来划分细目，或在摘要栏记录个人要做的事项。
- 分解共同作业的工作时，要按个人别来划分细目，或在摘要栏记录个人要做的事项。

2. 第二阶段——就每一个细目作核检

> - 核检下列事项/5W1H
>
> 为什么需要这样做？
> 这样做的目的是什么？
> 在什么地方进行最好？
> 应该在什么时候做？
> 什么人最适合去做？
> 要用什么方法做最好？
>
> - 下列事项亦应一并核检
>
> 材料、机器、设备、工具、设计、配置、动作、安全、整理整顿

为了成功地进行工作改善，首先应该抱有问题意识，其次需要具有解决问题的能力。这里所谓的能力，是指知识、技能加上想要改善的意念以及态度。

现状在大多数情形之下都是有缺陷的。我们在对现状了解得非常透彻之后，就要对所掌握的情况从各个角度来进行核检，然后将检查的结果以及所引发的思考加以收集整理，这就是工作改善第二阶段要做的事情。

(1) 对每一个细目进行六项自问

①六项自问（5W1H）的具体内容。

➡ 为什么需要这样做（WHY）？

这是非常重要的自问，也是首先应该做的自问。

这项自问就是要检查细目是否必要，是非做不可的，还是可做可不做的。也就是考虑该细目是否可以不做。

➡ 这样做的目的是什么（WHAT）？

每一个细目都应有其存在的理由，有其应该达到的目的。该项自问就是要检讨细目有没有用处。如果没用处，就要再度自问第一项"为什么需要这样做"，来确认该细目存在的必要性。

➡ 在什么地方进行最好（WHERE）？

该项自问是要检讨有没有适合进行细目的工作场所。也就是考虑：在什么地方，在哪一台机器，在哪一个作业场所，在哪一处设备，进行该项细目操作的效果是最好的。

➡ 应该在什么时候做（WHEN）？

该项自问是检讨细目操作的先后顺序、最佳时机。也就是考虑：该细目是先做呢，还是后做；究竟安排怎样的顺序比较合理；作业人员何时可以使用机器、材料、设备以及工具。

➡ 什么人最适合去做（WHO）？

该项自问就是要找出最适合去做细目的人员。

要从作业者的熟练程度、工作经验以及体力等方面来综合考虑，确定最佳人选。

➡ 要用什么方法做最好（HOW）？

该项自问是要查核有没有更容易、更安全、更有效、更好的方法。

需要注意的是，在对细目的必要性、场所、时机、操作人选等以上五项自问都加以确认之后，才能进行该项自问。

进行这项自问时，应当考虑使用简化原则。简化原则将在下一节有详细的论述。

> **小知识**
>
> 5W1H 代表的含义分别是：
>
>   why（为何做）   where（何地做）
>
>   what（做何事）   who（谁来做）
>
>   when（何时做）   how（如何做）
>
> 5M1E 代表的含义分别是
>
>   Man（人员）   Machine（机器）
>
>   Method（方法）   Material（物料）
>
>   Management（管理） Environment（环境）

②进行六项自问的理由。通过六项自问，能够比较容易地形成改善的构想。

③进行六项自问的顺序。应当按照既定的顺序进行，即从"为什么需要这样做"开始，到"要用什么方法做最好"结束。

如果首先做"要用什么方法做最好"的自问，然后再进行"为什么需要这样做"的自问，当检讨结果是该细目不必要做的时候，前面所做的"用什么方法做最好"的自问时间就等于白白浪费了。

(2) 同时进行另外九项自问

①九项自问的具体内容。

➡ 材料

能不能使用更好、更便宜、更容易获得的材料？
此作业所产生的废品能否用于其他的生产？
不良品或废品能不能减少到最低限度？
材料规格是否已有明确的规定？

➡ 设备

是否利用了适当的设备？
作业员持有哪些设备？

➡ 工具

是否利用了适当的工具？
作业员持有哪些工具？
量规、治具、装置是否已准备妥当？

➡ 设计

品质是否能通过设计或施工说明的变更来改良？
通过设计的少许变更能否节省材料或时间？
公差是否需要？

➡ 安全

作业是否容易而且安全？
作业员是否充分理解安全规则与灾害预防方法？
是否使用了正确的安全装置？
是否想到事故会造成劳动力、机器和材料的浪费？

➡ 机器

是否运转至最高效率？
是否处在最佳的运转状态？
是否正确地使用？
是否使用最适合于工作的机器？
机器或作业员的等待时间能否被利用？

➡ 配置

倒回的次数是否在最低限度？
处理次数与移动距离是否在最低限度？
可利用的场所是否已全部使用？

通路的宽度是否足够？

➡ 动作

所有的物件是否都在适当的动作范围？

能否利用重力的补给装置或落下送出装置（即需不需要辅助装置）？

两手是否得以有效利用？

两手把持的方法是否需要全部淘汰？

➡ 整理整顿

作业场所与材料场所的秩序是否良好？

不良品的放置场所能否作为作业员、机器的作业平台之用？

不需要的物件是否都收拾好了？

处理不良品、报废品等是否定时？

必要的物件有没有放置在正确的场所？

②九项自问的使用方法。在对每一个细目进行六项自问时，应就其中的每一项自问，提出九项自问。通过九项自问，可以形成更多的改善构思。

（3） 收集整理构想

①产生构想时的处理方法。经过第二阶段的自问检讨，产生改善的构想，就立即照实记录下来。需要注意的是，我们在第二阶段只是收集构想，还不需要采取措施。

②在自问之前有了构想应当怎样做。如果在工作分解之前或者工作分解过程中的某个阶段，就已经产生了构想，那就要将构想马上记录在分解表的空白部分。但同时还有必要对每一个细目再进行自问检讨。

③在自问完毕之后有了构想应当怎样做。如果自问完毕以后还有好的构想产生，就根据该构想，对细目重新进行各项自问核检，以完善构想内容。

3. 第三阶段——展开新方法

- 删除不必要的细目
- 尽量将细目加以合并
- 重组改善细目的顺序
- 简化必要的细目
  ——将材料、工具及设备安排在动作范围内的最合适位置
  ——尽量利用重力的馈料（给料）漏斗或滑槽送料设备
  ——要有效利用双手
  ——尽量应用工模或其他固定夹具，避免用手握持
- 借助他人意见
- 将采用新方法后细目记录下来

（1）有关的名词释义

➡ 展开

是指对第二阶段自问产生的构想加以评价，删除不必要的细目，将必要的细目加以合并、重组、简化，从而确定新的方法。

➡ 删除

根据关于何故、何事的自问答案，可以删除不必要的细目，目的是避免劳动力、机械或材料资源的浪费。

➡ 合并

根据关于何处、何时、何人的自问答案，可以合并一些细目，目的是减少作业间的检查或处理步骤。

➡ 重组

根据关于何处、何时、何人的自问答案，可以重组改善细目的顺序，目的是减少材料的处理、搬运作业等的次数。

➡ 简化

根据关于何种方法的自问答案，可以将细目做必要的简化，从而使其更易做、更安全，并且能使工作的品质更好。

简化必要的细目时必须活用四个原则。关于这四个原则，将在下面做详细的介绍。

 小知识

动作改善四原则

序号	改善原则	目的	事例
1	排除	• 杜绝浪费 • 去除不必要的作业	①合理布置，减少搬运 ②取消不必要的外观检查
2	组合	• 配合作业 • 同时进行 • 合并作业	①把几个印章变为一个统一的印章 ②一边加工一边检查 ③将使用同一种设备的工作集中在一起
3	重排	• 改变次序 • 改用其他方法 • 改用别的东西	①把检查的工作移到前面做 ②用台车搬运代替徒手搬运 ③更换材料
4	简化	• 连接更合理 • 使之更简单 • 去除多余动作	①改变布置，使动作环境更顺畅 ②使机器操作更简单 ③使零件标准化 ④减少材料种类

(2) 第二阶段与第三阶段的关系

第二阶段与第三阶段具有密切的、不可分割的关系。在这里将第二阶段与第三阶段的关系说明如下：

第二阶段——就每一个自问　　第三阶段——展开新
　　　　　作核检　　　　　　　　　　方法

何故（为什么）？————————————→删除
何事（什么）？——————————————→删除
何处（什么地方）？————————————→合并
何时（什么时候）？————————————→合并
何人（什么人）？—————————————→重组
何种方法（什么方法）？——————————→简化

根据第二阶段何故、何事的自问答案，可向删除的方向展开；根据何处、何时、何人的自问答案，可向合并或重组的方向展开；根据何种方法的自问答案，可向简化的方向展开。

（3）第三阶段的要点

①展开的顺序

必须按照删除、合并、重组、简化的顺序进行。如果以相反的方向进行，比如在简化之后，再进行删除，则可能会造成时间、资源上的浪费。

②合并的注意事项

合并是指根据何处、何时、何人的自问答案，将两个以上的细目合并成一个新的细目，达成其原来的目的。具体来说，就是将原来的几个细目，合并缩减，减少细目，以达到同样的目的。

要注意，这里所谓的合并，是指对于细目的必要合并，而并不是指物品的合并。

③简化的四项原则

- 将材料、工具及设备安排在动作范围内的最合适位置

这是指将材料、工具及设备预先放置在手能拿到的合适的范围，使其处于拿放的最佳状态，让作业员不必再换手或变换方

向。这个范围根据作业员个人的具体情况可稍有不同。

- 利用重力的馈料（给料）装置

利用重力，将材料或零件送到位置最好的给料装置；

例：精米机的漏斗

利用重力的落下滑槽送料设备；

利用制品、零件等的重力，沿着滑槽自行滑落到受槽。

例：各种斜槽、滑槽

- 要有效利用双手

用两手同时进行装配等动作，使双手的效率发挥到最大。

例：英文打字机

- 尽量应用工模或其他固定夹具

④展开新方法时的注意事项

展开新方法时，有必要借助下属、同僚、上司及其他有关系的人的意见来展开。

新方法必须仔细记录在工作分解表或者提案表上，由此可以做到有完整的记录。

⑤提案表的写法

原则上，在撰写提案表时，首先应阐述新方法的效果，如果可能，尽量以具体的数量或金额表示；其次将新方法的内容，清楚明白地列举出来，以便于别人了解；另外，有关协助者的姓名也应当记录在表中，以承认其贡献。

本书附录表单中有《改善提案表》，可以作为督导人员撰写提案表的模板。如果所在公司已有自订的提案表时，则应使用规定的提案表。

⑥其他的留意点

从第二阶段的自问所引出来的构想，不一定全部都能展开，其中亦有无法变成新方法的构想，需要加以仔细甄别。

4. 第四阶段——实施新方法

- 使上司了解新方法
- 使下属了解新方法
- 照会负责安全、品质、生产以及成本等方面的部门，征得其同意
- 将新方法付诸实施，一直用到下一次改善之前
- 对别人的贡献应予承认

为了能在工作场所顺利实施第三阶段整理出来的改善提案，需要履行各种手续，做好各项工作，这就是第四阶段要做的事情。

（1）如何使上司了解新方法

督导人员要事先将提案表、样本、略图及其他必要的东西准备妥当，根据上司的工作安排，确定一个合适的时机，对自己的改善提案进行充分的说明，并且获得上司的许可，然后进行试做。

（2）如何使下属了解新方法

试行或是实施新方法的时候，得到下属的协助也是很重要的。如果下属勉强应付或者抱着半信半疑的态度去做，就不可能把新方法的价值真正发挥出来。

需要注意的是，在向下属说明新方法时，也应当运用前文所述的工作教导方法，方能收到良好的效果。

（3）如何征得相关联者的承认

如果事先征得主管安全、品质、成本及其他有关系部门的承

认,将可以防止发生纠纷。要做到这一点,需要根据公司的组织结构,考虑到底应该征求哪些关系部门的承认。

需要注意的是,不论何时,不论是要征求哪一个部门的同意,都应当走正规的途径去进行。

(4)如何将新方法付诸实施

完成了上述三项工作之后,不要犹豫不决,不要延误时间,要立刻将新方法运用到工作中去。

(5)对别人的贡献应予以承认

在这里所说的别人的贡献,不仅仅是指协助人员的帮助,而且还包括对改善提案有贡献的其他所有人的帮助。如果对别人的贡献不加以承认,将可能失去所有人的信任和帮助。

重点提示

工作改善四阶段

1.学习分解	2.就每个细目作核检
(1)完全按照现行的工作方法,将工作的全部细目纪录下来 (2)把分解出的细目列举出来	(1)自问下列事项(5W1H) what/why/who/when/where/how (2)下列事项也应一并自我核检: 材料、机器、设备、工具、设计、配置、动作、安全、整理整顿
3.展开新方法	4.实施新方法
(1)删除不必要的细目 (2)尽量将细目加以合并 (3)重组细目改善的顺序 (4)简化必要的细目 (5)借助他人的意见 (6)将新方法的细目记录下来	(1)使上司了解新方法 (2)使下属了解新方法 (3)照会相关部门,征得它们的同意 (4)将新方法付诸实施 (5)对别人的贡献应予承认

(中心:工作改善)

三、作业选择表

在任何工作场所都会发生各种大小不同的阻碍生产的问题，其中有很多问题，都可以使用改善的方法来清除。那么，如何找出改善的对策呢？这就有必要制作《作业选择表》。做好了《作业选择表》，就可以把握现状，发现优先需要改善的作业，知道如何来进行改善。

下面举例说明如何做《作业选择表》。以包装部的包装作业为例，见表 3-3 所示。

表 3-3　作业选择表

督导人员姓名：张三 工作场所名称：包装部 日期 2007-1-1	阻碍生产的事项					备注	改善顺位	工作分解预定完成日期	预定完成改善日期
	工作延误	失误多	修正多	发生伤害	工具损耗	……			
成品搬运	X			XX			1	2-15	2-24
计量	X								
检查		X	X						
包装	XX				X		2	3-1	3-15

注：X—多　　XX—很多

(1) 在相应栏内填写清楚督导人员的姓名、工作场所名称及填写日期。

(2) 在左侧"日期"栏下面的纵栏填写作业名称，作业名称根据作业员的工作性质来决定。

例如收音机壳板制作，就可以分解成：材料搬运、检查、组合、铆钉、盖印、包装、抽样检验、装箱、印收件人地址、填写传票、保管等。

(3) 将在工作场所可能成为问题的事项，从左端依顺序填入"阻碍生产的事项"栏内。

例如生产延迟、不良品多、修正多、工具损耗、人的不良情绪、成本高、事故多、疲劳多、卫生不良、危险、材料浪费多等。

(4) 将需要特别注意的事项填入"备注"栏，比如关于作业状况、生产计划等方面的要点。

(5) 将作业名称与阻碍生产的事项相互对照，如果该作业有阻碍生产的相应事项，则在交叉空栏内填写"X"记号，特别多者填写"XX"记号。

(6) 对照填有"X"记号的项目，考虑优先需要改善者是何项，可以简单进行者是何项，决定改善的先后顺序，将顺序号码填入改善顺位栏。

(7) 填写"工作分解的预定完成日期"，要与下属先行沟通后再决定。如果是较长的作业，可分为数个单位来进行工作分解。

(8) 填写"预定完成改善日期"，一般是根据《改善提案表》决定预定日期较为适当。

四、工作改善的其他事项

1. 动作经济的原则

在第三阶段展开新方法时，可以参考动作经济的原则。

（1）有关人的肢体的运用

- 最好使双手同时工作，同时结束。
- 在规定的休息时间之外双手不要同时闲着。
- 双臂的运转要以相反对称的方向，并且同时进行为佳。
- 手或前臂的运转较上臂或肩的运转为佳。
- 最好利用工具、器具等，将原来通过肌肉来控制的动作减至最少。
- 避免急剧改变运转的方向，或者无拘束地自由运转。
- 保持动作的自然韵律。

（2）有关作业场所的设备放置

- 对于工具、材料应准备出一定的堆放位置，或确定固定的位置。
- 工具、材料、控制装置，最好放置在作业位置的周边，尽可能置于作业者的前面近旁处。
- 利用重力的给料装置，将材料尽可能地放到装置位置附近。
- 尽量利用重力滑槽送出物料。

- 材料、工具的配置顺序最好能使动作有效地连续进行。
- 保持照明的良好状态。
- 作业台、椅子的高度应预先调整到使作业者在工作中容易站立或坐下的位置。
- 作业椅的形状及高度应设法配合作业者正确的姿势。

(3) 有关工具及设备

- 尽量使用治具、固定夹具，以及能够使用脚来操作的装置，减少双手的使用。
- 两个以上的工具尽可能结合使用。
- 工具、材料尽可能预先安排，以便下一步工作的进行。
- 各个手指的动作要像使用打字机时那样充分协调配合，熟练使用不同的器具。
- 操作杆、横杆、手动轮要置于作业者只要身体稍微移动便可以触及、以便获得效率最大的位置。

2. 不断提出新问题

在第二阶段进行自问时，如果同时还做以下提问，将可以得到更多更好的构想线索。

(1) 有没有其他的用途

- 照原来的样子如何？
- 稍微再加工后会如何？

(2) 能不能从其他地方加以借鉴

- 有没有跟这个相似的？
- 过去的有没有相似的？
- 模仿什么较好？

- 有没有可以模仿的？
- 模仿谁较好？

（3）把它改变如何

- 把它扭转如何？
- 变换形状、色彩、声音、动作、方向如何？
- 除去某些部分如何？
- 加上原来没有的如何？
- 提高如何？降低如何？

（4）逆转如何

- 方向、位置、顺序倒过来如何？
- 反过来如何？
- 上下颠倒如何？

（5）扩大如何

- 加某些东西如何？
- 用更多的时间如何？
- 增加次数如何？
- 加长如何？加厚如何？
- 形状、力量加大如何？

（6）缩小如何

- 除去某些东西如何？
- 缩成更小的如何？
- 压缩如何？
- 缩短如何？
- 分割如何？

（7）用其他东西代替如何

- 用其他的要素和成分如何？
- 用其他材料如何？
- 在其他场所如何？

（8）交换如何

- 交换配置如何？
- 交换顺序如何？
- 交换一部分如何？

3. 工作改善方法的实用点

（1）工作改善方法的应用

工作改善方法，首要的一步就是进行工作分解，通过工作分解，掌握作业的实际状况，但是也可以依据工作内容与改善着眼点的不同，而采取其他的方法来掌握作业的现状，例如，使用事务分析、工程分析、流程图等方法。

分解现状、进行自问、展开改善的程序可以适用于任何工作。对于督导人员而言，在工作现场进行工作改善，这是最适当的方法。

（2）增强创造性思考能力

为了得到更多更好的改善构想，督导人员需要增强自己的创造性思考能力。

- 培养敏锐的观察力
  A. 不要放过任何新鲜事物；
  B. 找出特征去了解；

C. 实时联想；

D. 立刻记录；

E. 具有好奇心。

- 运用思考方式上的诀窍

  A. 每个人动脑的时间，最好每次不要超过两个小时；

  B. 放大思考领域；

  C. 换个空间和时间；

  D. 好好运用联想力；

  E. 不要钻牛角尖，思考得愈多愈好；

  F. 逻辑思考与创造性思考交互使用；

  G. 先求想法的量，再求质。

- 培养冷静的判断能力
- 树立创新观念及改善的意愿
- 勤于收集知识
- 培养乐观自主的心态
- 紧紧抓住灵感的方向
- 使用头脑风暴法
- 到现场挖宝去

 小知识

温水青蛙试验

生物学家曾经做过一个实验：把一只青蛙放进装有沸水的盆里，它会马上跳出来。而把一只青蛙放进温水的盆里并慢慢加热，开始时它觉得很舒适，但等到它发现水温太高，想跳出来时，却已没有能力跳出来了。很多企业就像后者一样，缺乏问题意识和改善的压力，得过且过，一旦危机真的来临，就难以抵御了。

本章小结

工作改善四阶段

➡ 第一阶段——工作分解

(1) 完全按照现行的工作方法，对作业进行工作分解
(2) 把分解出的细目列举出来

➡ 第二阶段——就每一个细目作核检

(1) 自问事项（5W1H）
——为什么需要这样
——这样做的目的是什么
——在什么地方进行最好
——应该在什么时候做
——什么人最适合去做
——用什么方法做最好
(2) 下列事项也应核检
——材料、机器、设备、工具、设计、配置、动作、安全、整理整顿

➡ 第三阶段——展开新方法

(1) 删除不必要的细目
(2) 尽量将细目加以合并
(3) 重组改善细目的顺序
(4) 简化必要的细目
(5) 借鉴他人的意见
(6) 将采用新方法后的细目记录下来

➡ 第四阶段——实施新方法

（1）使上司了解新方法

（2）使下属了解新方法

（3）照会主管安全、品质、生产以及成本等相关部门，征得它们的同意

（4）将新方法付诸实施，直到下一次改善

（5）对别人的贡献应予承认

心得体会

第四章　工作关系

◎ 工作关系问题及其类型
◎ 改善人际关系的基本要诀
◎ 工作关系问题的处理
◎ 从工作关系来看督导要诀
◎ 工作关系事例研究

一、工作关系问题及其类型

1. 督导工作关系的特点

新机器安装时，会参照一份安装说明书，而特别复杂的机器，还会有专家负责说明。但是新来的下属，他们是人，而不是机器，不仅没有附带任何说明书，而且要比工作场所中的任何一台机器都要复杂得多。

一线主管必须认识到，只有通过下属的合作才能有效履行自己的督导职能。为了争取下属的合作，有效督导下属，就必须培养自己妥善处理工作关系的技能。

良好的督导能力能使下属心甘情愿地做主管希望他做的事情。

2. 何谓工作关系问题

这里所说的工作关系问题，是指督导人员人际关系方面的事情，如果不采取一些措施，必定会对工作（或业务）产生某种不良影响。

督导人员对于自己的工作关系问题，必须经常加以注意，要敏锐地去感觉，这就叫具有问题意识。越是能够及早意识到问题的所在，问题的解决就会越容易。管理大师德鲁克曾经说过："被没有问题意识的工作人员所占据的公司，不久将会灭亡。"一线主管对自己督导工作中存在的问题，一定要及早发现，在萌芽阶段就将其解决！

小知识

利用五官发现问题

五官名称	感觉名称	问题发生事例
眼	视觉	用眼睛观察外观有无变形
耳	听觉	用耳朵听声音有无异常
鼻	嗅觉	用鼻子闻有无异味
手	触觉	用手感觉设备表面温度、有无振动
舌	味觉	用舌头尝一下有无异味

 3. 问题发生的类型

工作关系问题发生的类型主要有四种。如果能够充分理解这些类型，就会尽早发现工作关系中存在的问题，同时也可作为自我反省的依据。

（1）第一种类型是感觉到的

这是指一线主管平时在观察下属时，发现平时很活泼的人，突然变得不活泼，好像在担心某些事情；或是过去连一次迟到、缺勤都没有过的人，开始有了一、二次的迟到，说明这背后可能有原因，于是把它当作督导的问题来处理。优秀的督导人员，往往是在下属的困扰明显、变大之前就将其解决掉了。

（2）第二种类型是预想到的

这是指在问题还没有出现明显征兆之前，一线主管依据过去的经验提前想到的事情,如果不加以及时的督导处理,就必定会成为显性问题出现。对这类情况,就要考虑预先采取防范的对策,把它当作问题来处理。例如,督导人员要对下属 A 发出在下月末长期出差的指令,想到其可能会因抱怨不公而不肯答应时,预先想好某些对策作为准备。

(3) 第三种类型是找上门来的

这是一线主管尚未察觉到或虽然已感觉到,但还未采取任何措施,下属或其他人员就已提出某些抱怨、要求或报告,而作为问题来处理的情况。例如,一位下属要求"我不喜欢这个工作,请你给我调换另一项工作",此时将此作为督导问题来处理就属于这种情形。

(4) 第四种类型是自己跳进去的

这是当下属无故旷工,或经常发生工作错误,或不核照规定戴安全帽,等等,督导人员认为对此必须采取某些措施时,不得不亲自解决、亲自来处理的情形。

将以上四种类型以下图表示,见图 4-1 所示:

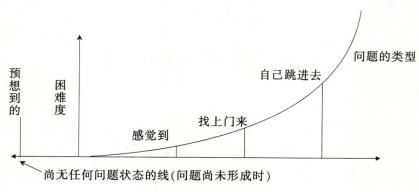

图 4-1 问题发生类型图

在预想到的、感觉到的时期，问题处理的基本要诀是预防或早期处理。这一基本要诀对于找上门来、自己跳进去这两种类型也是适用的。但从上图可以看出来，自己跳进去问题比起感觉到的问题，其处理难度已经变得很大。所以对于工作关系问题，要尽可能在预想到的、感觉到的状态下，就及早加以处理。

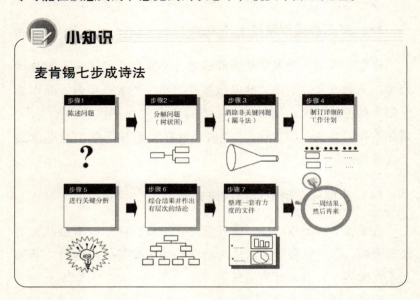

二、改善人际关系的基本要诀

下面来谈谈改善人际关系的基本要诀，其核心思想是"己之所欲，施于他人"。如果能够在工作中经常使用这一基本要诀，可以大大减少工作关系问题的发生，或者使问题不易变大而容易处理，对防止问题的发生及扩大很有帮助。

管理名言

> 孟子曰:"君之视臣如手足,则臣视君如心腹;君之视臣如犬马,则臣视君如国人;君之视臣如土芥,则臣视君如寇仇。"可见良好的人际关系,是赢得合作关系与个人成功发展的基础。

1. 工作情形应告知

督导人员对于下属所做的工作要经常关心,下属有了进步就加以赞赏,下属出现错误就加以纠正指导。如果督导人员留心下属工作,主动地去关心他们,下属的工作劲头就会更足。

要做到这一点,就要遵循两个原则。第一是事先决定希望对方如何去做。这是因为要告知下属其工作情形的好坏,督导人员首先必须提出要求希望下属应该如何去工作。第二是指导对方使其能做得更好。当下属所做的工作不顺利时,督导人员不要简单地责备,而要亲切地加以指导,告知其如何能够做得更好的方法。

2. 赞赏表现优异者

对于表现优秀的下属,督导人员应当以某种形式来赞赏他。下属会因为督导人员的一句肯定、赞赏的话而备受鼓舞,其工作积极性将大为提高。

赞扬下属也要遵循两个原则。一是随时注意下属既少有又感人的工作或行为。这就是说,要留意到下属表现出平时少有的积极工作情形时,就要立刻加以赞赏,这样会使他保持其优异表现,努力做出更好的成绩。二是赞赏时机要把握趁热打铁的原则。这就是说要把握赞赏的最佳时机,在下属的积极性还没有松懈时就加以赞赏,这样才会收到良好的效果。

3. 涉及切身利益的变更事先通知

一般人都有保持现状的心态。当出现对其个人利益有切身影响的变更时，如果事先得到通知，那么当事人很可能不但不会反对，反而会表现出充分的理解，积极地顺应安排。因此对当事人有切身影响的变更事项应当事先通知，这对于一线主管处理好督导工作关系问题，具有十分重要的意义。

这也需要把握两个原则。一是如果可能，应将理由告诉他。也就是说，在允许的情况下，如果能将变更的理由告诉下属，下属将会更加容易表示理解。二是设法使其接受变更。也就是说，即使需要多花一些时间，也要使下属充分理解变更的必要性，使其心甘情愿地接受变更。

4. 发挥其能，激励其志

任何人都希望在工作中充分发挥自己的能力。如果能够充分发挥自己的能力，即使面对非常具有挑战性的任务，人们也会有克服困难设法完成任务的心情。

所以督导人员要善于激励下属，使其充分发挥自己的能力。一是要发挥下属潜在的能力。要善于从下属的兴趣、娱乐、特长等方面发现其潜在能力，并且给予他展示的机会。二是不要阻碍其发展的途径。督导人员不能够只从自己的便利出发，为自己的利益打算，而在下属的发展轨道上设置障碍。

重点提示

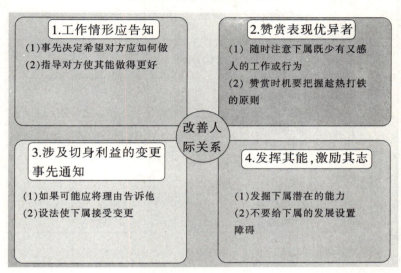

为了能够充分掌握下属的工作情形，我们设计了《工作情形确认表》（见表4-1）。一线主管须在平时的督导管理工作中就要依据这张表来充分掌握每一个下属的职责执行状况、工作场所秩序的保持状况，参考这张表来思考各位作为督导人员的责任。另外，下属个人的事情、健康、家庭、能力、适应性、将来工作场所的变更等事项，也可以用类似这样的表来全面掌握。下面具体说明《工作情形确认表》的使用方法。

表4-1　工作情形确认表

```
记入例
√——采取措施
?——有调查的必要
△△——完成的程度
```

工作情形应告知

事前决定希望对方应如何做，指导对方做得更好

项目 作业员		产量	质量	成本	安全	规律
张三	基准	A 零件：500 个	+／-0.2mm			
	实务	470 个 √				
李四	基准	B 零件：300 个	△△			
	实务		不良率 3%，为什么？			
王五	基准	C 零件：400 个			冲压（安全键）	
	实务				有时忘记？	
赵六	基准	A、B、C 现场	各巡回 2 次		安全装置点检	1 天 1 次报告
	实务					有时偷懒 √
陈七	基准	C 零件：400 个	+／-0.2mm			
	实务	360 个	不良率 2%，为什么？			

赞赏表现优异者

随时注意下属既少有又感人的工作或行为，赞赏要把握趁热打铁的原则

三、工作关系问题的处理

1. 确定目的

目的就是我们想要达成的结果。我们做任何事情，通常都要围绕目的来开展行动，目的就是具体行动的指引。有了目的，我们的行为才是有计划有方向的，而不至于陷入盲目的泥潭。所以一线主管在处理督导工作关系问题时，首先需要确定处理这个问题将要达到一个什么样的目的，即要确定其问题处理后希望得到一个怎样的结果。

以下六大要点，可以帮助一线主管更好地确定督导目的。

①确定目的的一个有效方法是，掌握问题的烦恼点，从反方向考虑，得出正面的结果。例如，如果"A会反抗"是问题的烦恼点，那么就以"使A变得温顺"作为目的。

②尽量避免确定过于一般性的目的。例如，"A不想做工作"是问题时，如果确定"要使A成为理想的作业员"这样一般性的目的，那么可能采取的措施范围会过于宽泛，不易于实行，所以最好以"设法使A有工作意愿"作为目的。

③目的不要采用否定性的说法，而最好使用肯定性的说法。例如，"A常迟到"是问题时，不要确定"要使A不迟到"的目的，而最好以"使A遵守出勤时间"这样具有积极性的表达方式较佳。

④最好不要以措施来作为目的。例如，"A没有精神"是问题时，如果以"让A喝一杯酒提精神"为目的时，那么A可能

采取的办法是"在饮食摊喝"或"在酒吧喝",结果是忘记了最终需要解决的问题。

⑤不要确定可能会引出其他问题的目的。例如,16岁的女性作业员讨厌加班时,如果确定"使16岁的女性作业员乐于协力加班"的目的时,也许可以消除一线主管的烦恼,但由于使未成年人加班,则又会引出违反劳动法规的问题来。

⑥目的有时会在中途改变。在掌握事实、慎思决定的过程中,如果发现最初所确定的目的不适当时,应该根据实际情况将其变更为更适当的目的。

2. 四阶段处理法

确定目的之后,就要采取具体的行动去实现它,否则再好的目的,也只能成为空中楼阁。作为督导人员,一旦有了明确的目的,就要立即实施对工作关系问题的处理行动。下面,就来详细谈谈处理督导工作关系问题的四阶段法。一线主管如果能够严格按照这四个阶段来做,那么就可以准确地处理督导过程中出现的问题。

(1) 第一阶段——掌握事实

处理问题时,唯一能作为判断基础的就是事实。只有把掌握事实这个阶段做好了,以后的阶段才会成功。

全面准确地掌握事实,需要从以下五个方面入手:

①调查问题发生前的事实。要调查问题出现之前所发生的所有有关情况,与当事人有关的纪录、经历等也包括在内。

②涉及哪些规则和惯例。在每一个工厂或者公司里都有许多你应该如何去做才不违反规定的事,它们用文字表达出来就是制度。例如,规章制度或工作场所约定的事项等。

③应与有关人员交谈。所谓有关人员，是指与问题有关系的所有人员。问题的当事人是最重要的关系人，另外还有保证人、家属、同事、前辈等有关人员。

④了解有关人员的想法与心情。了解有关人员的想法或心情，可以成为解决问题的重要判断材料。虽然有时要全面掌握这些情况是相当困难的事，但是如果不了解，就不能说是掌握了全部的事实。

张小虎的问题案例分析

督导人员看到张小虎拆下安全护罩在工作，前去纠正。

张小虎对抗说："如果想要开除我，就干脆明白地讲出来好了。"

督导人员当天下午请张小虎来办公室，进行交谈。

最初采取反抗态度的张小虎后来说出了因为失恋而变得心情烦躁、自暴自弃的情况，并且告知了有的材料毛边粗糙的事。

这个例子说明，了解对方的想法与心情，对于掌握事实是如何的重要。

张小虎的督导人员可以说是成功地处理了张的问题，他成功的原因在哪里呢？

是因为这位督导人员换位思考，每一个人所感受到的或者想到的事，不论是正确的还是错误的，对于他本人而言总是事实，因此需要将其个人的想法和感受作为事实来考虑。张小虎的督导人员以这种心态来对待张小虎的所作所为，所以就获悉了其说法与心情背后潜藏着的重要事实。

但是，要具备像张小虎的督导人员这样的心态，究竟应该注意哪些具体要点呢？

下面，我们就一边回想张小虎与督导人员交谈时的情形，一边来研究这些要点。

➡ 不要与他争论

这位督导人员在张小虎发怒时,并没有当场与他争论。

想一想,当我们以一种亢奋的状态与对方争论时有没有得到过好的结果?争辩不能解决问题!冷静地倾听对方所说的内容是非常重要的。

➡ 使他袒露心事,让他愿意说出他认为重要的事

这位督导人员想了很多办法,使张小虎说出了失恋、自暴自弃、材料毛边粗糙等这些重要的事情。

督导人员平时要多加留意,努力与下属沟通,成为下属能够信赖和亲近的人。

➡ 不要打断说话

这位督导人员在张小虎滔滔不绝地讲话过程中,并没有打断他去谈论其他的事情,而是一直在倾听,使张小虎有继续讲下去的意愿。

➡ 不要过早下结论

这位督导人员并没有过早地判断张小虎是因为钱上遇到问题而烦恼。

过早地作出结论,容易以偏概全,错误理解谈话的内容,并且会使谈话前功尽弃,导致沟通失败。

➡ 不要独占说话

这位督导人员在张小虎谈到有关安全及情感方面的事时,并没有说过一句像是教训责备的话,并没有自己喋喋不休而不给对方讲话的机会。

➡ 做个好的听众

张小虎的督导人员可以说是一位很好的听众。

要以诚意来倾听对方所说的话。俗话说得好,会听别人说话的人就是会讲话的人。

以上六项要诀有助于了解对方的想法与心情。只有充分掌握眼睛看不见的、存在于对方心里的事实，才能做出正确的判断。

⑤应掌握全部事实经过。如果不能将物、事的起因、经过到结果的所有事项，全部毫无遗漏地加以掌握，就无法做出正确的判断。

（2）第二阶段——慎思决定

这是做判断的阶段，有六个要点需要掌握。

①整理事实。对于在第一阶段掌握的事实，找出存在的遗漏，或者彼此互相矛盾、重复等情形，加以重新整理，判断出各项事实的重要性和价值。

②考虑事实之间的相互关系。将整理出来的事实，综合地加以使用，判断其因果关系和相互关系。如果仅以事实的一部分来做结论，则将会导致错误的结果。

③考虑可能采取的措施。对于一个问题可能采取的措施，可以从多方面进行考虑。这时要尽可能地想出更多可以采取的措施。

④确认有关规定与方针。这是要求所要采取的措施不能违反或抵触公司、工厂、工作场所现行的规定或已确定的方针。

⑤确定最终采取的措施。考虑措施是否符合目的，对其本人、其他下属和生产活动将产生何种影响。这里，并不仅是单纯做数量的"加法"或"减法"，而是必须要以丰富的督导常识与高超的判断力来决定。

⑥切忌过早作以偏概全的判断。虽然希望在做判断时能速断速决，但是也不能过早地、轻率地妄下结论。

（3）第三阶段——采取措施

这是将决定的措施付诸实施的阶段，有五个要点需要注意。

第一，是否应该自己做。这是指责任而言。如果是属于自己管辖的下属问题，应该由自己去解决。而对于别人下属的事情，就不宜插手。

第二，是否需要别人帮忙。这是就能力而言。督导人员要了解自己的能力是有限的，如果认为需要别人的帮助，那就可以向有关人士请求援助，将更有效而容易地解决问题。

第三，是否要向上司报告。这是就权限而言。如果是由上司交代的任务，那当然应该是由自己来做；但是没有委任的（或没有授权的）工作是不是要做。在这种情况下，就需要考虑：这件事是由自己做，还是仅提供自己的意见，由上司来做，或是必须请示后再做。

第四，注意实施措施的时机。这是就实行的时机而言。不管怎样好的措施，如果实行的时机不恰当，其效果就会大打折扣。相反的，如果在恰当的时机实施，其效果必会大大增加。

第五，不要推卸责任。不要把艰巨的任务推给别人去做。因为公司任命你为负有督导职责的一线主管，就期待你能够处处体现出与督导人员的身份、职责相符的行为来。所以如果你成为了督导人员，就要负起责任来，不要辜负公司的信赖。

（4）第四阶段——确认效果

实施措施之后，还需要进一步跟踪措施实施的效果，了解采取了措施之后有了怎样的效果，或正在形成怎样的结果。这一阶段有四个要点需要注意。

第一，何时确认。这是指确认的时期。督导人员要在第一时间对采取措施产生的效果进行确认。

第二，确认多少次。这是指确认的次数。由于所采取的措施要一直实施至问题彻底解决为止，因此有必要持续做数次检讨确认。

第三，生产量、态度以及相互关系是否变好。这是指确认的内容。要确认工作成果或当事者、有关系者的态度或者它们之间的相互关系是否发生了积极的改变。

第四，所采取的措施对生产是否有贡献。这是确认的原则。所采取的措施是否切实有效，判断的依据就是对生产率的提高有无贡献。一定不能忽略了对这一项的确认。若是在生产性企业，第一要义就是看对生产增长是否有贡献；若是在事务所或服务部门，则是看其对业务质量的提高是否有贡献。

3. 检讨目的是否达成

这是工作关系问题处理的最后阶段，要检讨最初确定的目的是否达成。如果最初所定的目的没有达成时，就表示所确定的目的不适当，或者所采取的措施无效，因此必须重新再来一遍。

重点提示

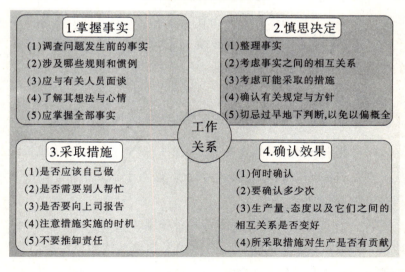

工作关系方法四阶段

四、从工作关系来看督导要诀

前面已经充分介绍了工作关系问题的处理方法,现在来谈谈从工作关系来看督导的要诀都有哪些。

1. 督导的职责是保证下属按质按量地完成任务

一线主管在自己负责的工作场所负有重要的督导责任。比如生产量的增加、工作品质的提高、成本的降低、安全(健康、卫生)的保障,以及其他如新人的训练、工作秩序的保持等。

要完成这些责任中的任何一项,都必须依靠下属的协力工作。在督导人员与下属之间,既有所谓命令、指示等来自督导人员方面的,又有所谓报告、申述意见等来自下属方面的,也即双向人际关系的存在。督导人员必须在平时就努力使这种双向关系的线条保持平直、强劲而且畅通。

2. 督导不是训斥下属,必须善待下属

站在尊重下属人格的立场上,了解每一个下属过去的成长经历、现在的状况以及情绪变化等情况。这对于领导不同个性的下属是极为重要的。

每一个人都会因受到各种因素(环境、经历、健康、兴趣、收入、人际关系等)的影响,而形成了各自独特的个性。而且,即使就同一个人而言,也会由于每日情况的变化,身体状况的不

同，情绪的高低，其工作情形也会有所差异。所以对待下属时，应该考虑当时的各种情况，把下属当作独立的个人来尊重和善待。

3. 真正活用工作关系

(1) 有关人际关系与工作场所的问题

- 在督导工作中，有人误解了人际关系一词，以为要处理好人际关系，态度就要"软"，结果就是要么放纵下属，要么取悦下属，要么对下属不理不睬，致使工作场所的管理过于松懈。
- 在工作场所，督导要体现爱心，但同时不要忘记，严格也是同样重要的。
- 在第一阶段虽然要求"了解下属的想法与心情"，但绝不是要完全照其本人的意愿去做，而只是当作一个事实来考虑。
- 工作场所的问题大部分可以归为两类：一是不平不满的问题，二是工作场所规章制度的问题，对此要充分认识清楚。无故缺勤，擅自离开工作场所，在工作时间内闲谈，拒绝加班，违反安全等与工作场所规章制度有关的问题，事实上是很常见的，对此不能放任不管。

(2) 有关生产指导与个人干涉的问题

督导人员在工作现场处理的问题属于生产指导的范畴。如果督导人员对于应该采取某些措施的情形而放任不处理，将会对工作造成不良影响。

在下班后和休息日，下属的行动则完全是个人的自由。干涉下属的私生活就属于不恰当的个人干涉的范畴。但是，如果因为私人生活的原因而导致旷工或迟到的行为，那么，这样的私人生活同样应该成为督导人员干预的问题。换句话说，是否属于个人干涉，需视下属的具体情况而定。

4. 工作关系问题的范围

督导工作关系就是正确处理人与人的关系。就一线主管的督导责任而言，应处理的问题尚限于在工作场所的人与人的关系。督导人员没有处理纯粹属于个人问题的责任和义务。

当然，这并不是说，督导人员可以不关心下属的个人问题，而是说不应在工作关系问题的范围内来予以处理。工作之余，关心下属，这是完全自由和应该的。

5. 充分了解下属

一线主管要顺利地完成督导任务，并不是件容易的事。一般来说，在大部分的工作场所都会有一些纠纷产生。

一线主管的工作很忙很紧，往往把注意力只放在工作上，所以很容易疏忽下属的问题。

优秀的督导人员不仅要对工作场所的工作、机器及设备有充分的了解，也要知人善任，懂得领导下属的方法与技巧。单单具有工作业务上的优秀技能，还不能说是具有了督导人员的全面资格。相反，这往往是导致督导人员忘记其他重要问题的根由。

正如前面已说过的，下属由于各自的经验、能力、欲求不同而表现各不相同，所以督导人员必须根据下属各自的特点来善待下属，必须对每一位下属的个性充分尊重，并熟悉其工作方法。

在考虑工作问题的同时，切记一定要好好了解下属，熟知其心思、感情、态度、健康、周围的状况等，这是与业务工作同等甚至更重要的事情。因此，有必要与下属充分交流沟通，倾听下属的话语，留意下属的行为。

对下属愈了解，督导人员愈能对其进行督导，顺利开展工作。

（1）妨碍了解下属的因素

了解人不是一件容易的事，一线主管常说"只要让他做一次工作就马上可以知道其为人"，但这话未必正确。现在来谈谈妨碍了解下属的种种不良习惯。

①套入类型。我们会将人划分为某些类型，并且容易把他套入自己所想象的类型中去，好像套入"铸模"一样，将原来性格不一的每一个个人，硬生生地套入到这几种类型中去。

我们常会说"那个男人八面玲珑"，或"那个家伙很难缠"。实际上，对于一个人是不能以这么简单的一句话去作定义的。我们应该从各种角度来研究、判断一个人。

②"一模一样"。督导人员常会说"他跟某人完全一模一样"，其实是他每次看下属的时候只注意到了其熟悉相似的部分，而遗漏了其不同之处。只要有了一次这样的想法，就定格在其脑海中先入为主了，而将其他的东西拒之门外。

③合格与不合格的二分法。有些督导人员常会说"作业员业务上能不能提高，只要看他是否能照我的指示去工作就可知道了"，"如果他照我的指示去做，就可以成为优秀的作业员，但不照我的指示，而只照他自己的想法去做的人是没有希望成为优秀作业员的"。这位督导人员将人分为两类来看，所以他对人的评价只有合格或不合格两种，而没有中间的评价。他是在使用成品检查的技术来理解、判断一个人。

人是不能用非此即彼的二分法来区分的。根据人性研究的结果，约三分之一的人具有普通的性格、一般的能力。换句话说，就是普通人比较多。对人的评价绝不能只用一种尺度去衡量。

④公式化。就是将某一型的人，用公式化来简单划分。例

如，对于资深者，就让他一个人独立工作；对于总是"抱怨不公平的人"，就对他强化规则；对于新的作业员，就以做给他看、讲给他听的方式来教导。这样简单的做法忽视了人与人之间的差异性，而将不同的人像零件或机器一般套入固定的格式来处理。

⑤标准化。督导人员因为习惯于标准的想法，所以往往不太注意下属个人特有的兴趣、能力及性格。但是了解这些特性是与下属保持良好关系的关键，良好的督导是建立在对这些特点的把握之上的。

正因为所有的人都彼此相异，而且每个人都希望自己独特的个性得以充分展示，所以督导人员应对每个下属所具有的独特个性给予充分重视，思考他是怎样的人，而且要发现他对什么东西具有良好的反应与做法，然后分配其适当的工作，并使他乐于去工作。

(2) 了解下属的方法

督导人员应如何才能充分地理解下属呢？这需要跟下属充分沟通，询问他，观察他，努力掌握其表面现象背后隐藏的东西，由此才能准确地知道他的心情、感受、对事物的看法以及形成他的性格的背景等。

督导人员为了了解下属，最好从下列问题入手，予以检讨或观察。

应该注意，在这里不要以二分法来判断，不要简单地给出"认真或不认真"或者"白的还是黑的"之类的答案，而是要思考他（她）对下列事项所做的程度如何。

①他（她）对工作是否有兴趣？下属对自己的工作及其与未来自我发展的关系特别关心，而且也对自己的工作与整体的工作以及与产品之间的关系十分关心。

设法提高下属在这些方面的兴趣，就可能促使下属进步，并且还可能促使其产生更多的与工作有关的兴趣。因此，了解下属的兴趣所在，对于督导人员来说是很重要的事情。

②他（她）对工作的注意力是否集中？对于下属中的新人来说，有人会因为对于工作场所的不习惯而过分分心，所以不能集中注意力在工作上。这时，在工作场所内暂时调换一下工作或改变工作的组合不失为一种有效的措施。

③他（她）是否将工作做得很好？如果下属不遵守被指导的事项时，首先应注意对方最初表示兴趣的地方，以这一兴趣为线索，其后的指导最好要与其兴趣发生关联，这样可以使他（她）变做不到为做得到。

④他（她）对指导的内容是否能正确理解？下属最不服气的是，按照主管指导的办法去干工作，却为此受到批评。

当下属对于指导的内容产生理解错误时，不要立即责备说"不行"，而要充分了解对方的经验和兴趣，然后再有耐心、有计划地加以指导。

⑤他（她）是不是适合那一类工作？在认真给予其正确的指导之后，再考虑下属做这项工作是否适合。应当避免因为一件工作做得不好，就很快地下他是毫无用处的人的结论，世上没有完全不胜任某项工作的人。

⑥他（她）是否能与工作场所的人充分合作？如果下属出现不能与工作场所的人充分合作的情形，督导人员首先应该检讨是否因为自己对待下属有不公平之处。必要时，也需考虑对工作场所的人员进行适当的调整或重新编组。

⑦他（她）是否尽自己的力量在做？大部分下属，虽然可能屡遭挫折，但相信他们很快就会自己站起来。对于这些失败，不要以刚才所说的公式化的不良习性来评价其人，而应当予以鼓励和指导，协助他冷静地面对工作的问题。

⑧他（她）被上司赞赏时，会有什么反应？赏识下属，可以

说是使下属进步向上的最好手段。但是如果没有充分考虑赞赏方法的优缺点、难易度以及对其他下属的影响等，则可能会产生相反的效果。在被上司赞赏时，下属的反应会由于每个人个人情况的不同而有差异，这一点必须要认识清楚。

人是复杂的动物。督导技术绝非一夜之间就可以得到提升。一线主管需要参考上文所讲的督导人员的要诀，在平常的工作中，努力提高督导技能。只有坚持这样做，才能获得个人的进步和公司的发展。

五、工作关系事例研究

从现在起，各位督导人员要结合工作实际，活用工作关系技能，练习附录中《问题处理表》的使用方法，并来解决当前感到困扰的问题。

本书中的《问题处理表》，对一线主管今后处理人际关系的问题有很大的用处。通过运用一张一张的《问题处理表》，就会一件一件地减少工作关系中的问题。而且，由于经常使用，在不知不觉中，一线主管的督导技能也会自然而然地得到提升。

《问题处理表》是将处理工作关系问题的四阶段法与基本要诀汇总整理在一张表上，非常便于使用。下面举例来说明《问题处理表》的使用方法。

1. 参考案例

Y组长所属的单位是制造汽车零件的。这个月突然增加了保安装置零件的订单，因此S组长所负责的工作场所的工作量陡然增加，决定从下月 1 日到 20 日，从包括 Y 的工作场所在内的其他工作场所，每一场所调派 1 人，合计 3 名员工来支援 S 组长的工作场所。

Y 的工作场所有下属 4 人，其中适合于支援的是 A 一人。A 曾在 S 组长的工作场所工作过，经验丰富，技能也极优秀，但与同事之间的关系并不太融洽。

在 S 的工作场所里，曾与 A 交恶的 B，现在是该工作场所的领导级人员。如果派 A 前往支援，有可能再与 B 产生问题。

这是 Y 组长所面对的问题。

➡ 第一阶段——掌握事实

此时，Y 掌握的事实如下：

A：27 岁，高中毕业，住在单身宿舍，为人认真，很少讲话，容易发怒，几乎没有朋友，工作经验 7 年（在 S 的工作场所 4 年，在 Y 的工作场所 3 年），到目前为止没有讨厌过资源支援的工作。

Y 组长再进行调查，进一步得到以下事实：

B 在进入 S 的工作场所约一年半后，偶尔会上班迟到 30 分钟左右，因此作业发生过延迟。因为 B 与 A 曾为作业的前后道工序关系，为了 B 的迟到之事，A 因焦急而怒骂过 B，从此两人交恶。S 组长知道此事。

B：28 岁，高中毕业，住在自己家中，技能普通，个性开朗，朋友较多，最近几年来上班均无迟到、缺勤的现象。

Y 以上述的事实为基础，立刻使用问题处理表，开始着手处理问题。

➡ 第二阶段——慎思决定

Y 组长考虑采取以下措施：

（1）首先将 S 组长所在的工作场所的增产计划与其现状详细

说给 A 听。

（2）其次说明 A 是最适合支援人选的理由。

（3）然后会晤 S 组长，拜托其使 B 充分理解完成增产计划与 A 支援的关系。

（4）请 S 组长在可能的情况下考虑将 A 与 B 担任的工作稍微隔开一些距离，在这中间安排其他一名作业员。

（5）请 S 组长在 A 前往支援的第一天，利用午餐时间，亲自向 A 说明最近 B 的工作状态，消除 A 的顾虑。

➡ 第三阶段——采取措施

Y 组长将其他四项可能采取的措施，就责任、能力、权限一一加以确认后，在 A 前往支援的前一周——付诸实施。

不久，支援的日子到来，Y 带着 A 去拜会 S 组长，拜托 S 组长"请多多照顾"后就回去了。

➡ 第四阶段——确认效果

其后 Y 组长仍然惦记着支援工作究竟是否在顺利进行，所以在第三日的下班时请 S 组长找自己，询问支援后的情况。

其结果是：生产量尚未达到预定的计划，A 的态度及 A、B 间的关系尚看不出有什么改善的迹象。

又过四日后，Y 组长再次询问 S，S 经查访工作场所后，高兴地说："工作已照预定计划进行了，但是 A 与 B 之间的关系尚看不出有特别坏的地方，也感觉不到有特别改善的气氛。"

两周之后的一天午餐时间，S 组长来到 Y 处，告知目前的工作已经在超计划进行，A 与 B 最近常常互相交谈，中午休息时全员一起打排球等好消息。

Y 组长想到数日后 A 将结束支援工作，于是重新温习了基本要诀。

表 4—2　JR 问题处理表

问题的焦点	如果这样就派 A 去支援，可能跟 B 发生问题			
问题型	□感觉到的　□找上门来的	目的	使 A 与 B 和好，支援顺利进行	
发生型	□预想到的　□自己跳进去的	变更目的		

1. 掌握事实（掌握全部事实经过）。每一个人制作一张卡片，将过去记录详细填写

问题发生前的事	A－到目前为止还未讨厌支援，认为支援是惯例		B－朋友多 B－最近两年未迟到/缺勤
规则或惯例	A－在 S 地工作时与 B 交恶	支援天数 20 天（下月 1－20 日）	S－知道 A 与 B 的经过
有关人员	A－认真/话少，27 岁 A－易发怒 A－技能优秀 A－单身宿舍 A－朋友少 A－经验 7 年（S 是 4 年，Y 是 3 年） A－高中毕业		B－怒骂 B B－曾因迟到延误工作进度 B－在 A 工作的前道工序 B－28 岁 B－自家宿舍 B－技能普通 B－开朗
说法与心情			
处理的动机			

2. 慎思决定（切忌过早地下结论，避免以偏概全）

整理事实	事实有无遗漏之处？细节有无不实之处？有无考证过事实之间的相互关系？是否已找出问题核心？	实行	规则与方针	好的常识与判断			
思考相互关系				目的	本人	工作场所里的人	生产
可能采取的措施	1. 向 A 说明增产计划与支援的必要性	ν	ν	+	+	O	+
	2. 说明 A 最适合支援的理由	ν	ν	+	+	O	+
	3. 拜托 S 组长使 B 知道为增产需要 A 的理由	ν	ν	+	+	O	+
	4. 拜托 S 组长设法在 A 与 B 间穿插安排一作业员	X	ν	+	+	-	O
	5. 拜托 S 组长向 A 说明 B 最近的工作状况	ν	ν	+	+	O	+

3. 采取措施（不推卸责任）

措施	自己（责任）	他人（能力）	上司（权限）	采取时机
1	不需要	不需要	不需要	1 周前

（续）

2	不需要	不要	不要	1周前
3	不需要	不需要	不要	1周前
4				
5	不需要	不需要	不要	1周前

4. 确认效果（采取的措施对生产是否有贡献）

时间：	第3天	1周后	2周后
生产量	预定计划未达成	预定计划达成	超过预定计划
态度	不明	没有特别明显点	良好
相互关系	不明	没有特别明显点	良好

5. 目的是否达成？　　□达成　　□未达成
   未达成的原因：

6. 适当的基本要诀能防止问题发生，如果发生了也可防止其扩大。

在处理过程中使用的项目、细目	涉及切身利益的变更先通知；发挥其能，激励其志
如果使用就可以预防问题发生的项目、细目	

备注：

1. 在"实行"栏中，"V"代表在可能采取的措施中选出要执行的方案，"X"表示不需要执行；

2. 在"规则与方针"栏中，"V"代表每一个可能采取的措施不与公司的方针政策违背；

3. 在"好的常识与判断"栏中，用"+、-、O"符号分别代表可能采取的措施对目的、本人、工作场所里的人、生产的影响程度，如有正面影响，即"+"；有负面影响，即"-"；没有影响，即"O"。

小知识

环绕督导人员的人际关系

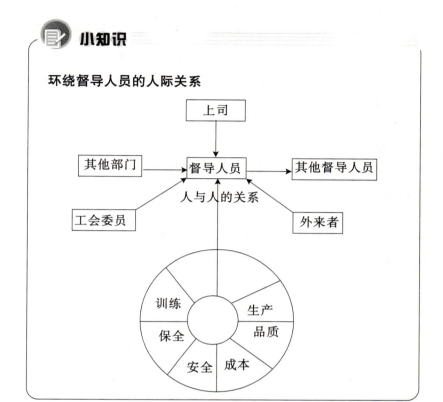

2. 情景训练

A 公司下的一家工厂，本年 4 月设置了以身体残障者为主体的职能部门，班长 1 人（轻度残障者），班员 8 名，其中重度残障者（两肢麻痹，使用轮椅）2 名，中度、轻度残障者合计 5 名，健康者 1 名（Y）。

该班组的工作达到了比预想还好的效果，班员之间尚看不出什么问题，因为还处于刚刚起步阶段。但是最近班长与 Y 之间似乎不太融洽，对 Y 有时离开工作场所感到不满。如果放任 Y 这样下去，将会对班组的其他员工产生不良影响，对生产也会形成负面的作用。

工厂的业务是机器零件的加工、装配和检查，而该班担任检查的业务。

班长的直属上司是课长，而课长一并督导其他两个班组（加工及装配）。

以上是该工作场所的概况与问题。

请各位站在课长的立场上，处理这个问题。

（准备《JR问题处理表》）

首先，判断这个问题发生的类型是属于四种类型中的哪一类型。

其次，确定目的，并填写在《JR问题处理表》上。对于目的，要尽量积极、肯定、具体地表达出来。

再次，采用问题处理的四阶段方法：

➡ 第一阶段

调查问题发生前的事实：

班长——身体残障者（5级），下肢切断，使用假肢，左上肢轻度麻痹，年龄28岁，在职9年，已婚，高中毕业，有两个女孩，出勤状况良好，性格温和，积极性稍显欠缺。

Y——年龄29岁，在职10年，已婚，高中毕业，有一个男孩，出勤状况良好，具有积极性，但喜欢动辄批评他人。

关于规则和惯例

Y的无故缺席违反了工作场所的规定，离席者会成为减薪的对象。

与有关人员进行交谈：

班员A等2人（重度残障者）——从班长那里接受作业指导时，也希望得到照顾，但因为班长也是身体残障者，所以难于开口。

班员B等5人（中、轻度残障者）——最初安排的作业因为其残障部位的关系而有很多不便，但经过班长的努力改善，作业现在已变得容易做。虽然是残障者，但因为希望自立，所以不要求特别的看护。

职员 Y——认为班长的责任重大，所以，班长若由健康者担任较为适当。

班长——认为不论班员每个人的残障程度如何，除了遇到紧急时刻之外，不必专门看护。对于 Y 并没有抱有特别的成见，完全不知道 Y 的意见。

掌握了以上基本事实之后，需要再重新检讨一下全部事实的过程是否准确。

➡ 第二阶段

将以上事实加以评价，区分出必要与不要的细目，并且针对重要的事实，理清其相互关系。

➡ 第三阶段

列举出几项可能的对策。

➡ 第四阶段

最后使用《问题处理表》来解决问题。

本章小结

改善工作关系四要诀

➡ 工作情形应告知

(1) 事先确定希望对方如何做

(2) 指导对方使其能做得更好

➡ 赞赏表现优异者

(1) 随时注意下属既少有又感人的工作或行为

(2) 赞赏时要把握趁热打铁的原则

➡ 涉及切身利益的变更事先通知

(1) 如果可能应将理由告诉他

(2) 设法使其接受变更

➡ 发挥其能，激励其志

(1) 发掘其潜在的能力

(2) 不要阻碍其发展的途径

处理工作关系问题四阶段法

➡ 第一阶段——掌握事实

(1) 调查问题发生前的事实

(2) 涉及哪些规则和惯例

(3) 应与有关人员交谈

(4) 了解其想法与心情

(5) 应掌握全部事实经过

➡ 第二阶段——慎思决定

（1）整理事实
（2）考虑事实之间相互关系
（3）考虑可能采取的措施
（4）确认有关规定与方针
（5）确定最终采取的措施
（6）切忌过早做以偏概全的判断

➡ 第三阶段——采取措施

（1）是否应该自己做
（2）是否需要别人帮忙
（3）是否要向上司报告
（4）注意实施措施的时机
（5）不要推卸责任

➡ 第四阶段——确认效果

（1）何时确认
（2）确认多少次
（3）生产量、态度以及相互关系是否变好
（4）所采取的措施对生产是否有贡献

心得体会

第五章 工作安全

本章重点

◎ 工作安全四阶段法
◎ 督导职责与工作安全
◎ 处理灾害事故的方法
◎ 急救措施的要点

一、工作安全四阶段法

安全问题的处理要在问题出现前就思考对策并加以处理，事后处理往往已经晚了一步。工作安全的四阶段法是安全工作的原则，是从发现问题、计划、实施到最后检讨结果的一套完整程序。为了在工作场所防止事故发生，需要依照四阶段规定的程序来进行。

1. 第一阶段——思考可能导致事故发生的要因

（1）观察现状

观察现状就是直接用五官来了解实际情况，特别是到现场调查，了解工作场所的实际情形，及时发现异常情况。

（2）调查记录

调查记录就是要书面的调查材料，例如事故报告或灾害纪录，这样可以知道在工作场所与事故有关联的各种情况。

（3）询问看看

询问看看就是直接与作业员或有关系者面谈。通过询问交谈，掌握对方的想法与心情，可以及早发现可能导致事故发生的要因。要使对方说出他认为最重要的事情，掌握其想法与心情，发现真正的要因，就要做到：不要与他争论，不要打断他说话，不要过早地下结论，不要一个人说个没完，做一个好听众。

(4) 探求物与人

从物与人的相互关系出发，观察现状，调查纪录，找出问题。在物的方面，要探究其状态是否良好，如果状态不好，就不能进行安全作业；在人的方面，不但要察看其作业的实际情形，而且要关注其工作的心态。

(5) 对照规则、基准

规则、基准规定了必须遵守的最低限度的事项，所以，督导人员必须充分理解规则、基准的主旨。基准也包含了不成文的习惯或惯例，需要很好地加以注意。

(6) 经常保持安全意识

经常保持安全意识就是具有问题意识，积极地思考可能导致事故产生的要因。例如新人进入工作场所时、工作方法变更时或导入新机械时，须特别强调安全意识。

(7) 预见可能导致事故的潜在危机

就是要对可能发生的事故加以预见，思考有无成为事故导火线的因素，这样能够从看似正常的方面发现潜藏的危机。

(8) 更深一层探求

即在分析事故发生要因的每一步骤时，都要进行更深入的思考。例如观察现状时，不要只看表面现象，而要寻求内在的本质。

提醒您:

安全生产是一想、二查、三严。

一想:生产过程中存在哪些安全隐患,可能会发生什么事故,如何预防?

二查:工作中使用的机器、设备、工具、材料是否符合安全要求,工序上有无事故隐患,如何排除?本岗位的操作是否会影响周围人的人身和设备安全,如何预防?

三严:严格按照安全要求;严格按照工艺规程;严格遵守劳动纪律。

我们可以利用《工作安全分析表》来更好地思考事故可能发生的原因。下面以厨师作业为例,来说明《工作安全分析表》的使用,见表5-1所示。

表5—1 工作安全分析表

工作名称	厨房厨师作业	安全护具	无
作业地点	厨房	制定日期	2007-1-1
设备工具	冷冻冰柜	修订日期	
材料、物料		修订次数	
主要步骤	工作方法	潜在危险	安全工作方法
1.确认厨房冷冻冰柜是否已经采取绝缘措施	1.注意冷冻冰柜是否有漏电情形	1.电路设备未安装设备漏电断路器及接地线	1.对厨房潮湿场所的电路应装置漏电保护器,低压用电设备的非带电金属部分应接地

(续)

工作安全分析表			
2. 确认周边环境是否已经采取绝缘措施	2. 注意周围环境是否有绝缘不良情形发生	• 遭电击休克致死	2. 对于厨房及餐厅，应设适当排水设备 3. 应设置员工安全卫生业务主管，对使用的设备及其作业实施检查
3. 厨师本身是否已经做好绝缘保护措施	3. 厨师本身做好绝缘措施		4. 对员工应实施从事工作所必需的安全卫生教育训练，并将以往的事故案例列入训练教材，提高员工安全卫生意识，防止类似灾害发生 5. 应制定适当的安全卫生工作守则，经审批后公告实施
审批者		分析者	

2. 第二阶段——慎思确定对策

在第一阶段发现了有可能导致事故发生的要因后，在第二阶段就要针对所有的要因，思考应对之策。在这个阶段，并不是从对策是否具有可行性的角度来思考，而是要从有哪些对策来思考。

(1) 整理要因，思考要因间的相互关系

整理要因就是检查有没有遗漏要因，前后有没有相互矛盾的地方，思考要因间的相互关系就是掌握要因之间的因果特性。

（2）请教熟悉的人

请教熟悉的人，就是在思考对策时请教有经验的人或专家，从中得到很好的启示，而且在向熟悉的人请教时，接受其帮助不会失面子，更容易被大多数人接受。

（3）思考几个对策

思考几个对策，就是说不要对一个要因只考虑一个对策，而需要把能够想到的对策都列举出来进行考虑。

（4）确认方针、规则、基准

确定对策时必须确认有没有违反工作场所的方针、规则或基准。督导人员必须知道公司、工厂的方针或规则、基准，根据这些因素来考虑对策。

（5）亦需确定次佳对策

确定对策时不要仅限于一个理想方案，还要考虑到可能由于其他某种原因而无法实施的情况，做好备用方案，以防万一。

（6）检讨自己的原因

我们总是喜欢责备别人而忘记原因就在于自己身上，所以一定要首先检讨自己。

我们可以利用《安全作业标准表》来更好地思考应对事故发生的对策。下面就举例说明《安全作业标准表》的使用方法。

表 5-2 安全作业标准表

作业种类：施工架组合	编　　号：JS001
作业名称：移动式施工架组合（三层）	制订日期：2007-1-1
作业方式：二人协同作业	修订日期：
使用器具、工具：框型施工架材、扶手、脚轮、架板、梯子	修订次数：
防护具：安全帽、安全带	制作人：张三

工作步骤	作业内容（工作要领）	安全注意事项（重点）
1. 整理材料	1. 检查组合必要的材料，不要过多、不足或有不良品	1. 剔除有缺陷的不良品
2. 组合脚轮及止动装置	1. 在脚部安装脚轮 2. 检查止动装置的刹车性能	1. 高度在5公分以上，应在作业主管直接指挥下作业
3. 组合框架施工架	1. 在已刹车止动的第一层脚轮上组合框型架 2. 两框型架间安装交叉拉杆 3. 按顺序组合框型架到预定的高度（三层）	1. 组合到三层以上时，要在两个方向上用钢索或支撑架予以控制，防止施工架旋转、倒塌
4. 铺设架板	1. 用规定的架板铺设为工作台 2. 架板板缝间隔在3公分以内	1. 工作台架板到了适当长度要截断，以适当号数铁线等加以牢固
5. 安装栏杆、扶手	1. 于各立柱安装栏杆、扶手 2. 栏杆高度在90公分以上并设置中栏杆 3. 于上下工作台位置开设出入口 4. 于上下出入口设置可自由开关的横木	1. 上下出入口的栏杆、扶手如能加锁更好

（续）

工作步骤	作业内容（工作要领）	安全注意事项（重点）
6. 设置供上下升降的设备	1. 将木制或轻质钢制梯子紧固于横栏	1. 现场制作的梯子，其踏条隔木的间隔为 30～35 公分，且等距间隔设置 2. 不得使用有木节、虫蛀、腐朽等不良材料
7. 标示体载荷重	1. 在明显易见之处，标示最大体载荷重	
图解		

3. 第三阶段——实施对策

在第二阶段慎思确定好对策后就应马上实施，实施时要考虑责任、权限、能力及时机。

（1）是否可以自己做

属于自己应该做的事情必须由督导人员亲自来做。

（2）是否需要向上级报告

因受自身的权限所限没有办法处理的问题，就要请能够做的人来做，也就是说向上级报告是必要的，但是自己可以做的事，向上级报告而麻烦上级则是不应该的。

（3）是否需要别人协助

如果没有关系者的协力或理解，而单凭自己单打独斗，再好的对策有时也无法收到良好的效果。

（4）立即付诸实行

有了决策，尤其是关于安全的决策，要立即付诸实行，不要犹豫不决，不要退缩不前，要避免因为实施太慢而导致发生灾害的情形。

4. 第四阶段——检讨结果

不论什么时候，检查结果是很重要的，因为检查可以及时知道措施是否有效或正在收到何种效果。

(1) 常常检查

有些事情只要检查一次就可以，但是在多数情况下都需要确认好几次，也有暂时尚不能进行检查的事情。应注意，检查确认并不是随随便便地想到就去做，而是要有计划地去做。

(2) 是否确实地执行

对策是不是照所确定的那样切实得到执行了呢？这是有必要加以检查的。所谓切实，是指不仅仅只实施对策，而且所实施的对策要产生效果。

(3) 要因是否已除去

通过对策的实施，可能导致事故产生的要因是否已除去呢？这也是需要加以确认的。根除可能发生事故的要因，才能对事故的发生防患于未然。

(4) 有没有产生新的要因

应该特别关注所采取的对策是否会产生新的可能导致事故发生的要因，以免顾此失彼，解决了这个问题，又出现那个问题。

(5) 事故必有原因——切断灾害根源

治标更要治本。不仅要针对事故表面的原因采取对策，而且还要针对事故的根本原因，将隐患彻底排除。

重点提示

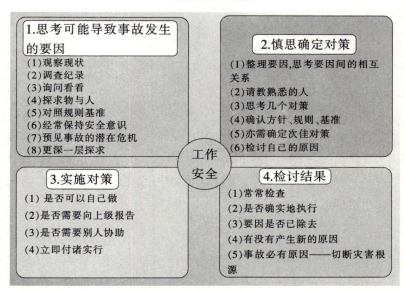

二、督导职责与工作安全

1. 督导立场

负有督导职责的一线主管既与企业的经营者或管理者共同站在经营的最前端，又位于与一般作业员的连接点，担任着增进经营者与作业员之间相互理解与相互信赖的桥梁角色。

如果位于连接点的督导人员不能够很好地履行职责，那么经营者的经营方针、经营计划或指示都无法准确及时地传达到现场并得到贯彻实施。

对于安全工作问题而言，督导人员是最适合的安全工作的推进力量，这是因为：

(1) 熟知作业上的问题点、困难性、危险性、忙闲状态等。
(2) 可以制定正确的作业方法。
(3) 了解过去的事故、灾害案例。
(4) 充分了解作业员的能力、性格、专长、弱点、期望等。
(5) 具有与作业员相似的经历或经验，与作业员较有共同语言，对作业员的影响力较大。
(6) 是作业员的直接上级，能够真正关心部下，对异常情况能够作出最敏感的反应。

2. 督导责任

负有督导职责的一线主管担负着维护现场生产秩序，保障安全卫生的重大责任。督导人员必须遵循公司、工厂关于安全卫生的基本方针与规定，确保工作场所的安全卫生。

现场督导人员在安全卫生上的主要任务是：

(1) 制定安全的作业程序；
(2) 谋求设备或环境的安全卫生；
(3) 指导作业员进行安全作业；
(4) 从安全卫生的角度来考虑作业员的配置；
(5) 提高作业员对于安全卫生的意识；
(6) 发生异常或灾害时采取适当措施；
(7) 探求事故灾害的原因，防止再发生；
(8) 经常点检工作场所，预防事故发生。

三、处理灾害事故的方法

在出现灾害事故的紧急情况下,现场督导人员是第一处理人,需要临危不惧,冷静果断,依照下面的方法来处理。

1. 采取应急措施

对于受伤人员:要立即采取急救措施,并呼叫救护车。

对于机械装置:要立即停止运转,注意采用正确的操作方式,不能错上加错,乱中添乱。

对于事故现场:要立即组织人员撤退,保护好现场,等待有关专业人士前来善后处理。

2. 负责报告工作

作为一线生产的组织管理者,在事故发生时,负有充分掌握现场情况,向有关人员报告的责任。

在事故现场,要向前来救护的医护人员讲述伤员情况;要向上级及安全管理者、担任安全管理事务的职员口头陈述事故的具体情况。

事后,督导人员还要撰写一份简明的书面报告,交予上级及安全管理者。

3. 制定防范对策

对于一线主管而言,事故处理完毕之后并不意味着督导的任务就结束了，还需要反省检讨事故发生的原因，并思考确定应当采取的对策。

第一步，就是得到有关人员的协助，收集事故发生的所有情况，整理分析出事故发生的真实原因。

第二步，根据事故发生的原因，思考并决定对策。

第三步，将对策付诸实施。

第四步，确认对策实施的效果。

四、急救措施的要点

1. 急救处理的常用方法

（1）让受害者保持正确的姿势。对有意识者，采用伤者本人感到舒服的姿势躺下来；对意识丧失者，要以不使其窒息的姿势躺下来。

- 原则上仰卧水平躺下。
- 脸色苍白时，脚要抬高 15~30cm，如果横卧（侧卧）较舒服时，就使其横卧（侧卧）。
- 任何场合都不使用枕头。
- 脸色发红或头部、胸部负伤，呼吸困难时，头部要稍微抬高，下肢要平放。
- 对没有意识者，采取上述的姿势，但要使其脸转向侧面；对有呕吐可能者也采取同样姿势。

（2）保持伤者自身的体温，不人为加热，而是利用衣物等将伤员全身裹起来。

（3）尽可能地轻柔地接触伤者，同时与伤者谈话，给予安慰和鼓励，保持其身心的安静。

（4）不要让伤者看到自己的伤口或告知其受伤的程度，因为得知自己的伤情可能导致伤者精神紧张而引起休克。

（5）不要随便让伤者喝水，当其腹部有伤时要绝对避免喝水；能在 20 分钟左右送到医院的，也不要让伤者喝水；如果到达医院费时较久而伤者要求喝水时，先确认其有无呕吐或打嗝症状，若有则不要给水，若无，则可以半杯的量慢慢给予；出血时要注意给伤者补充水分。

2. 受伤者较多时的处理原则

（1）依照重伤者优先的顺序处理，要注意避免被轻伤者求助的声音所搅乱，而致使延误了对不能发出声音的重伤者的处理。

（2）担任急救任务的人员，不要被受伤者的言行所干扰，要以冷静、自信的态度采取敏捷的行动。

3. 与医护人员、上级管理者取得联系

在现场采取急救措施的同时，督导人员一定要亲自或者委托别人向医护人员或上级管理者联系。在与医护人员联络时，要告知受伤者的现场位置、受伤者的现状、现在已经采取的急救措施状况、伤员身边的急救人员及其他情况等。

4. 准备急救所需的材料

下列材料要准备在近而方便的地方，随时随地可以及时取到。

- 纱布等包扎材料：消毒纱布（用已消过毒的聚乙烯等薄膜袋包装）、镊子、剪刀、3% 双氧水，伤口尽可能先用双氧水消毒

再用三角布或纱布包扎。
- 止血带、夹木。
- 担架、担架用品。
- 保温用毛毯。

 小知识

制定安全目标的 C–SMART 原则

简写	英文	中文全称	含义
C	Challenge	有挑战性	具有一定水平和要求,必须通过足够的努力才能达到,横向有竞争力,超出公司要求
S	Specific	具体化	指标选择直接、可以把握的,不用抽象的概念
M	Measurable	可测量	可以用数字进行描述、衡量,可以利用统计技术进行数量化并做统计分析
A	Achievable	能够达成	结合实际,循序渐进,通过努力可以实现,不脱离现实
R	Result oriented	注重效果	能够引导相关成员朝着目标努力,以产生实际效果为目标
T	Time limited	有时限	明确一定时间、阶段内要达成的目标,不是遥遥无期的目标

本章小结

工作安全四阶段法

➡ 第一阶段——思考可能导致事故发生的要因

（1）观察现状
（2）调查纪录
（3）询问看看
（4）探求物与人
（5）对照规则、基准
（6）经常保持安全意识
（7）预见可能导致事故的潜在危机
（8）更深一层探求

➡ 第二阶段——慎思确定对策

（1）整理要因，思考要因间的相互关系
（2）请教熟悉的人
（3）思考几个对策
（4）确认方针、规则、基准
（5）确定次佳对策
（6）检讨自己有无原因

➡ 第三阶段——实施对策

（1）是否可以自己做
（2）是否要向上级报告
（3）是否需要别人协助
（4）立即付诸实行

➡ 第四阶段——检讨结果

（1）常常检查
（2）是否确实地执行
（3）要因是否已除去
（4）有没有产生新的要因
（5）事故必有原因——切断灾害根源

心得体会

第六章　工作效率

 **本章重点**

◎ 督导效率现状
◎ 浪费时间的诊断与分析
◎ 时间管理的基本原理
◎ 时间管理的实用技巧

一、督导效率现状

1. 目前的管理效率

相信大多数一线主管都会有一种时间不够用、督导永远没有结束时候的感觉。每当发生这个问题的时候，大多数人都会要求增加人员来分担工作，可是最后事实却证明：即使增加工作人员，工作也不仅不会减少，反而会更加忙碌。

一项针对经理人的调查发现，企业的管理者在下列三方面浪费了太多时间：（1）打电话；（2）开会；（3）处理信件。

看看企业日常经营管理中已经司空见惯的诸多现象吧：

（1）电话又响了，急事报告的、请示的、投诉的、朋友聊天的……可手头上正在写一个计划，一个上午快过去了，还没写几个字。

（2）马拉松式的会议已经开了半天了，还没有什么结果。会上你进来他出去，东一句西一句，说着说着就跑题了……

（3）整天就像救火队员，哪里有火警就马上赶到哪里，真是日理万机。可是天天忙救火，却没有时间静下心来想一想"火灾"源在哪里？

（4）没有计划，没有程序，"眉毛胡子一把抓"，经常本末倒置，终日埋头于无关紧要的事务上。

（5）对自己熟悉和喜欢的事情尽快做完，对于棘手的事情能拖则拖，最后不得不靠加班来完成。

（6）不懂得放权和授权，事必躬亲，事事过问，就像一个多事的婆婆，结果自己忙得要死，下属却轻松自在。

（7）不知道可以说"不"，经常听命于上司的召唤，对下属的打扰也不加以控制，结果时间浪费在一些无关紧要或与自己无关的事务上。

……

诸多浪费督导人员时间的现象，我们大致归纳了一下，总结出以下十二种干扰因子：

（1）顺便来访人员。

（2）缺少危机管理方案。

（3）缺少目标、优先顺序及每日的具体计划。

（4）办公桌杂乱无章，个人没有清晰的工作思路。

（5）无效授权。

（6）马上想做的事情太多。

（7）信息联系缺乏或者不明确。

（8）信息资料不充分、不准确或者过时。

（9）混淆职责和职权。

（10）不敢说"不"。

（11）搁置未完成的任务。

（12）缺乏自我约束性。

2. 时间资源的特性

时间资源的特性：
- 供给毫无弹性
- 无法蓄积
- 无法取代
- 无法失而复得
- 人人公平均等

时间是一项独特的资源，它具有以下五种独特性：

- 供给毫无弹性：时间的供给量是每天都固定不变的，在任何情况下都不会增加，也不会减少，每天都是不多不少的固定24小时，所以我们无法开源，增加时间的供给。
- 无法蓄积：时间不像那些人力、财力、物力和技术等其他资源那样能够被积蓄储藏。不论我们愿不愿意，都必须要消费掉时间，所以我们无法节流，减少时间的使用。
- 无法取代：任何一项活动都有赖于时间的使用、消耗和堆砌，时间是任何活动所不可缺少的基本资源。因此，时间是其他资源所无法取代的。
- 无法失而复得：时间无法失而复得。它一旦丧失，则会永远丧失。花费了金钱，尚可赚回，但倘若挥霍了时间，任何人都无力挽回。
- 人人公平均等：时间对于每个人来说是唯一人人公平均等的资源，不分贫富贵贱、职务高低，每个人都是一天24小时，没有人可以更多，也没有人可以更少，占有金钱和权势的人也无法额外获得更多的时间。

3. 时间的价值

时间的价值基本分为两种，一种是无形的价值，另一种是有形的价值。

时间的无形价值是把时间投资于你的工作、家庭、社交方面，包括建立工作关系、家庭关系、人际关系等。你为此花掉时间，但它带给你的收获可能是无法用金钱来衡量的，这叫做无形的价值。

时间的有形价值是指在工作、生活中投资时间所直接带来的回报和报酬，另外花时间用于读书学习、身体保健、维护人际关系，会在以后带来有形的金钱报酬和其他的财富。

古人说："一寸光阴一寸金，寸金难买寸光阴。""深圳速度"

的口号是:"时间就是金钱,效率就是生命。"浪费自己的时间,等于是慢性自杀;浪费别人的时间,等于是谋财害命。

4. 什么是时间管理

时间管理就是为提高个人工作时间和业余时间的利用率和有效性而进行的一系列自我管理和时间控制工作,并运用现代科学管理方法对时间的耗费进行预测、控制、计划、实施、检查、总结、评价以及反馈等程序,以克服时间浪费,达到既有效率又有成果,既经济又合理地完成任务。也就是说,时间管理就是克服时间浪费,为时间的消耗而设计的一种系统程序,并选择一切可以利用的科学方法及手段,加以灵活运用,以达到趋于预期目标的一种管理手段。

时间管理的对象不是"时间",而是指面对时间而进行的"管理者的自我管理",意即管理者必须抛弃陋习,引进新的工作方式和生活习惯,包括订立目标、妥善计划、分配时间、权衡轻重和权力下放,加上自我约束、持之以恒,以提高工作效率。

时间管理的目的是为了减少时间浪费,以便有效地完成既定目标。也就是要同时获得"三效":

- 效果:确定的期待的正确结果。
- 效率:以最小的代价、成本或浪费来获得最好的结果,或在最短的时间内做较多的事情和工作。效率通常指速度和数量,不一定意味着优良品质和正确的结果。
- 效能:以最小的代价或浪费获得最佳的期待结果。简言之为"多、快、好、省",即数量多、速度快、效果好、成本节约。效能指在单位时间内所获得的价值回报的高低。

对管理者来说,时间是一种宝贵的资源,花费时间也就是一种投资。无论是对管理者个人,还是对公司员工,都会遇到加强时间管理的问题。

二、浪费时间的诊断与分析

1. 如何找到原因

每天我们都在忙忙碌碌，时间安排得满满的，一会儿是下属请示，一会儿要接见客户，一会儿老总找，一会儿接电话……似乎连喘气的时间都没有了，难道非如此不可吗？

请根据实际情况，回答以下问题，你将找到浪费时间的根源：

- 我做了哪些不需要做的事情？
- 我做了哪些能够由别人、并且应该由别人做的事情？
- 我做了哪些耗时过长的事情？
- 我做了哪些会浪费别人时间的事情？

回答了以上问题，你会发觉时间不够用的主要原因有：

欠缺计划；	做事优先级的错误；
事必躬亲；	沟通不良；
会议太多；	拖延；
不好意思拒绝；	电话干扰；
文件满桌，找不到；	出差太多；
午餐吃太饱或吃太久；	上司找麻烦。

2. 自我检查

对照以下问题，每天反省自己对时间的安排是否有缺陷，对一天的工作过程进行检查，找出自己在时间管理中的弱点，并设法改进。

- 我是否难以理清一天工作的头绪？
- 我是否碰到了一个无法拖延的问题？
- 我是否做了实际上不需要做的事？
- 我是否常常越权处理？
- 我是否往往对某些任务的完成要花费更多的时间？
- 我是否难以按时赴约？
- 我是否会经常忘记接下来应该做的事情？
- 一天下来，我有多少时段是记不清自己干了什么事？
- 按照每天的计划安排，我的哪些时间是被浪费了，又有哪些按照计划来说是超时的？为什么？

3. 工作时间记录法

要研究如何花费时间，应该先研究时间究竟耗费在什么地方，把所有的时间分配记录下来以后，看看自己的时间到底花在哪里最多，然后采取相应的措施予以改善。既然现存的工作、生活习惯不会自动轻易改变，则只有采用诊断、分析、改进的办法。工作时间记录法不失为一种好的方法。

（1）采用工作时间记录法需要记录

①当天要完成的目标或最重要的任务；
②每30分钟记录一次所进行的各项活动；
③每项活动的先后顺序；
④分析今后怎样更好地安排这些活动，是采用授权或拒绝参加以避免陷入这些活动，还是通过其他办法来合并、取消或缩短参加这些活动的时间。

（2）采用工作时间记录法时应该注意的事项

①列举目标的时候应该注意：

• 列举的每一个目标都应该设定预期结果，而不是具体的工作活动，同时确定目标应该遵循 SMART 的五项原则。

• 确保完成目标的最后期限，然后把计划的时间填写在每项目标后，设定最后期限，以克服拖延、犹豫不决和精力分散的弊端。

②在每 30 分钟记录一次所进行的各项活动时，也应该记录实际的工作结果。不要等到全天工作结束时才来填写，这样会比较模糊、笼统。同时记录应该具体详细，详细到每一件工作任务的具体时间段。

③排列顺序时，最重要的事情是指有意义的、关系重大且具有长期影响的项目；紧急的事情是指亟待解决的、需要立即行动的，但可能不具有长期意义的项目。通过这个栏目，督导人员可以一目了然地了解到利用时间的效能，找出自己是否把时间浪费在应该授权别人办或应该取消或应该合并的例行公事上去了。

④工作评价，即是评价自己当天所做的各项活动，包括提出各项活动的安排、授权的有效性（完成授权所需要的人员和最后时限的确定）以及时间利用改善后的效果。

⑤每日工作时间记录完成以后应该立即回答以下问题：

• 确定每日目标和最后时限是否提高了你的效能？

• 何时开始着手自己的首要目标？

• 全天哪一段时间最有效，哪一段时间最无效？

• 什么人或者什么事情是自己最经常的打扰者？

在实际工作中，要使工作时间记录法确实能帮助我们提高时间的利用率，还应该避免以下三个常见的误区：

• 确立的目标不切合实际或者没有进取性；

- 依赖记忆；
- 省略细节。

4. 时间管理的记录和诊断

(1) 每日工作时间记录表

分别在以下时段记录你工作的具体内容：
8：00－10：00；
10：00－12：00；
13：00－15：00；
15：00－16：00；
16：00－18：00。

(2) 制定目标并拟订计划，使时间的应用更具体有效

表 6－1 时间计划表

时间段	事务	所用时间	优先度

（3）切实执行计划，分析造成时间浪费的因素，并改掉浪费时间的不良习惯，成为掌握时间的主人

表6-2 执行时间计划表

时间段	活动事项	计划用时	实际用时	浪费/超时	原因
8：00—8：30					
8：30-9：00					
9：00-9：30					
9：30-10：00					
10：00-10：30					
10：30-11：00					
11：00-11：30					
11：30-12：00					
12：00-12：30					
12：30-13：00					
13：00-13：30					
13：30-14：00					
14：00-14：30					
14：30-15：00					
15：00-15：30					
15：30-16：00					
16：00-16：30					
16：30-17：00					
17：00-17：30					
17：30-18：00					

(4) 每天活动记录表

表6-3 每天活动记录表

姓名　　　　　　　　　　　　　　　　年　月　日

活动	起止时间	使用时间	计划/中途插进	重要性及紧急性	评语

(5) 时间清单

表6-4 时间清单

紧急及重要性	主要活动	使用时间	占全部时间的百分比
1			
2			
3			
4			
5			

三、时间管理的基本原理

1. 时间管理的四个发展历程

时间管理大致经历了以下四个发展历程：

（1）备忘录和增加时间

将所有需要做的事情都记录下来，每完成一件就删除一件。或者通过简单的加班加点、延长工作时间来完成工作任务。

（2）工作计划和时间表

即在每件需要完成的事情之前都分配、安排一个预定的时间段，将每个时段内需要完成的工作都列成一个时间表。有了时间期限，时间的利用效率就会有所提升。

（3）排列优先顺序以追求效率为原则

由于要完成的工作越来越多，在规定的时间内可能无法全部完成，这时候就需要按照轻重缓急的顺序，对工作任务进行时间排序以提高工作效率。

（4）以价值性和重要性为导向

一切以价值性和重要性为评判依据，创造价值越多的工作越优先去做，相反的工作则要尽量少做甚至不去做。每一分每一秒都要做有效率的事情。

2. 排列优先顺序

在时间管理的第三阶段是按照工作的轻重缓急排序，这涉及一个较为具体的操作问题。我们在工作分配当中，可以假设有重要和紧急两根轴，在这个坐标系上划分出 A、B、C、D 四个象限，分别代表不同级别的待做工作：既紧急又重要的为 A，也就是通常被称为突发事件的工作；重要但不紧急的为 B；紧急但不重要的为 C；既不重要又不紧急的为 D。

突发事件 A 应当优先处理，D 可以延后甚至不去处理，这没有争议，问题在于 B 和 C 应该优先处理哪一个。如果 B 的工作一直拖延没有完成，时间久了它就会以突发事件 A 的方式出现；而 C 的工作如果不去完成，却一般不会朝 A 的方向发展，因为它虽然紧急，但是不够重要，即使不完成 C 会有损失，也不会造成太大影响。假设在一定的时间段内只能完成 B 和 C 其中一个的话，则应当选择首先完成 B。因此在实际工作中，要优先处理 B，而不要为 C 耗费太多时间和精力。

提醒您：

有人认为，从理论上讲可以先处理完 C 工作再来完成 B 工作，这样就能够两全其美，统筹安排。然而在实践中却是行不通的，因为 C 往往是无穷无尽的，不可能一次性处理完，而人的精力是有限的；当有限的精力陷入到无穷尽的 C 之中时，就必然没有时间去完成 B，从而将大部分时间都用在了不能获得高效益的工作当中。这也是一线主管在时间管理问题上最容易犯的错误。

小知识

所谓"帕金森定律"，是指要给任何一件事情，哪怕是极小极小的事情，设定完成期限，否则事情会像橡皮筋一样被拉得很长，没完没了。这也称之为"爆米花"定律，很少的米能够膨胀成一箩筐，工作的杂务也会像爆米花一样被扩大、膨胀，充斥在督导人员的工作时间内，使其迷失方向，陷于杂务之中。

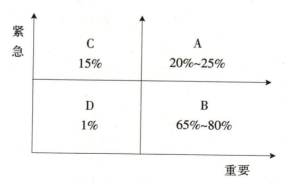

图 6-1　时间分配比例表

如图 6-1 所示，为什么会出现那么多的 A 类突发事件？是因为 B 类的重要却不紧急的工作没有做好。所以，在时间数量的分配上，应该把重点放在这一象限：花费 65%~80% 的时间去做重要不紧急的事情，而紧急又重要的 A 类突发事件应该有效控制在 20%~25% 左右，C 类的紧急却不重要的工作任务应该控制在 15% 左右，D 类不重要又不紧急的事情可以放弃，不去做。

把大部分的工作时间聚焦于重要不紧急的工作，创造更高的价值和生产力，这就是管理界常说的"第二象限工作法"。

3. 艾森豪威尔原则

对于各类工作的具体处理，管理者应当怎样区别对待呢？美国的艾森豪威尔将军提出这样一条原则，见图 6-2 所示。

- 对于重要又紧急的突发事件，需要管理者本人亲自处理，而且要立刻处理，当然必要时也可以适当授权；
- 对于重要而不紧急的工作，则要管理者本人花最多的时间去做，例如进行战略规划、员工教育训练等，一般不可以进行授权；
- 对于紧急而不重要的工作，首先需要减少这一类的工作，减少对其所花费的时间，也可以酌情委托、授权给下属、别人去处理，实在需要本人处理的，可以放在午饭后低效率的时间段来做；

• 对于不紧急也不重要的工作则可以不去处理，全部放弃。

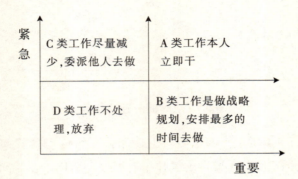

图6-2 艾森豪威尔原则

实践指导：对于C类工作的处理

紧急但不重要的C类工作有很多种，有些是可以委托给下属处理的，但也有些虽然琐碎，意义也不大，却是不得不由主管亲自去完成的，对于这种工作，可以避开精力充沛、反应敏捷的亢奋期，选择精力处于相对低潮的时候去完成。

4. 艾维·李十分钟效率法

案例：艾维·李的10分钟6件事

伯利恒钢铁公司总裁查理斯·舒瓦普请效率专家艾维·李帮助做企业诊断。查理斯·舒瓦普说："应该做什么，我们自己是清楚的。如果你能告诉我们任何能更好地执行计划的方法，我听你的，在合理范围内价钱由你定。"艾维·李说可以在10分钟内给他一样东西，这东西能使其公司业绩提高至少50%。

艾维·李递给查理斯·舒瓦普一张空白纸，让他在纸上写下第二天要做的六件最重要的事。查理斯·舒瓦普写完六件事后，艾维·李又让他在纸上用数字标明每件事对舒瓦普及其公司的重要性次序。这花了大约5分钟。

艾维·李接着说："现在你把这张纸放进口袋。明天早上的第一件事，就是把纸条拿出来，做第一项。不要看其他的，只看第一项。着手办第一件事，直到完成为止。然后用同样的方法做第二项，第三项……直至你下班为止。如果你只做完第四件事或第五件事，那也不要紧。因为你总是做着最重要的事。"整个会见历时不过半小时。

几个星期后，艾维·李收到一张25万美元的支票和一封信。查理斯·舒瓦普在信中说，那是他一生中最有价值的一课。

五年后，这个当年默默无闻的小钢铁厂一跃成为世界上最大的钢铁厂。

（1）效率法的内容

美国著名效率管理专家艾维·李提出的十分钟六件事效率法，其内容精髓如下：

- 用前五分钟列出明天（下周、下月）要做的六件重要的事情；
- 用后五分钟将这六件事情按重要程度排序；
- 上班开始先做1号事情，完成之后再做2号事情，以此顺延直至下班结束。

（2）效率法的目的

保持每分每秒都在做最有生产率、重要性最大的事情。

(3) 实践效率法的黄金三问

为了更好地发挥效率法的功用，在遇到具体事务时要问自己三个问题，即"黄金三问"：

- 此事价值是否大？真的很重要吗？
- 如果价值大，是否需要亲自做，能否请别人代劳？
- 价值高又必须亲自做的事，如果不做是否会有重大影响？

提醒您：

经营企业是不可能一点损失都没有的，正如汉语中的"舍得"，有舍才能有得。作为督导人员如果一切都想做好，反而会什么都做不好，所以要学会有选择的放弃。只要将重要性和价值高的工作始终作为重点对待就可以。

 [自检]

请您按照艾维·李的十分钟效率法，将您下个月要做的六件重要事情列出，并按重要程度排序，填写在下面的表格中。

重要程度	下月需要完成的重要事情
1	
2	
3	
4	
5	
6	

5. 时间管理的基本法则

时间就是金钱，效率就是生命，对于管理者来说，在限定的时间内为企业创造尽可能多的价值才是正确的方向。"昨天"是已经过期的支票,"明天"是尚未兑现的期票,而"今天"是现金,只有不断地把握现在,创造价值,才能在时间管理上成为一个合格的主管。

要管理好时间,就要遵循一定的法则:
- 始终做最有生产率的事;
- 有效授权,带来轻松;
- 用金钱换取时间;
- 把重要的事情变成紧急的事情;
- 明确目标,制订计划,写成清单;
- 要不断地行动;
- 设定完成期限;
- 使用工作日志法,分秒不浪费;
- 管理好业余时间,睡眠、学习、娱乐各不耽误;
- 要专心致志,不要虎头蛇尾;
- 采用节省时间的工具。

 小知识

工作日志与工作日记的区别:

　　工作日记仅仅是将所做的事情像流水账一样记录下来;而日志包含了两个意思:不仅要做记录,而且还要做计划,对未来进行安排。

四、时间管理的实用技巧

1. 目标和计划管理

(1) 制定明确的目标

时间管理第一大关键是设立明确的目标。时间管理的目的就是在最短的时间内实现更多想要实现的目标。

首先要把今年度 4~10 个目标写出来，找出一个核心目标，并依次排列重要性，然后依照目标设定一些详细的计划，再严格依照计划进行。

设定目标时，要遵循 SMART 五项原则：

①目标必须是具体的。有人说："我将来要做一个伟大的人。"这就是一个不具体的目标。目标一定是要具体的，比如你想把英文学好，那么你就定一个目标：每天一定要背 10 个单词、1 篇文章。

②目标是可衡量的。任何一个目标都应有可以用来衡量目标完成情况的标准。

③目标是可达成的。不能达到的目标只能说是幻想、白日梦，太轻易达到的目标又没有挑战性。只有设定既具有挑战性、又经过努力可以达到的目标，才是有效的目标。

④目标是与自己密切相关的。目标的制定应考虑和自己的生活、工作有一定的关联性，不能不切实际，于己无关。

⑤目标是有时间限制的。必须讲究效率，在既定的时间之内

达到目标。

（2） 进行目标分解

时间管理的第二个关键是目标分解。当我们确立了明确的目标之后，就应该付诸行动。首先是把今年要做的每一件事情都列出来，并进行目标分解：

- 年度目标分解成季度目标，列出每一季度要做哪一些事情的清单；
- 季度目标分解成月目标，并在每月初重新再列一遍，遇到有突发事件而更改目标的情形时，及时调整过来；
- 每一个星期天，把下周要完成的每件事列出来；
- 每天晚上把第二天要做的事情列出来。

（3） 有计划、有组织地进行工作

所谓有计划、有组织地进行工作，就是把目标正确地分解成工作计划，通过采取适当的步骤和方法，最终达成有效的结果。

制订计划，就是为了执行。对未来的预测，应建立在客观实际的基础上，切忌盲目、无根据地制订计划。这样才能使计划具有可行性。

"有计划、有组织"通常体现在以下五个方面：

- 将有联系的工作进行分类整理。
- 将整理好的各类事情按流程或轻重缓急加以排列。
- 按排列顺序进行处理。
- 为制订上述方案需要安排一个统筹规划的时间。
- 由于工作能够有计划地进行，自然也就能够看到这些工作应该按什么次序进行，以及哪些是可以同时进行的工作。

那么该怎样做计划呢？大致的步骤如下：

- 首先需要确立可衡量的工作目标；

- 寻找可以完成目标的各种途径和方法；
- 优化、选定最佳的工作计划和完成方案；
- 将最佳方案转化成月/周/日的工作事项；
- 编排月/周/日的工作次序并加以严格执行；
- 定期检查目标实现的进度，分析计划完成的可行性。

(4) 目标和计划管理的要点

- 先做计划，然后行动；慢慢计划，快快行动；民主计划，专制行动。
- 目标刻在石柱上，计划写在沙滩上。目标轻易不能变，而且要书面化、简洁化、公开化，让共同目标深入人心，才有达成的可能。
- 月月有计划，周周有检查，天天有目标。

2. 充分授权和委派技巧

(1) 做最有价值的事

每分每秒都做最有价值的事情，必须思考一下要做好一份工作，到底哪几件事情是最有价值的，一一列举出来，分配时间将它们做好。

对于大多数的日常工作和繁重的杂务，应该适当地交给下属去做，即委派或授权。把属于下属职责范围内的工作，分配给他做，就是委派。把虽不在下属职责范围内，但与其主要职责相关联的工作，也可交给他做，同时需要授予相应的权力，并进行跟进控制直至最后完成，就是授权。

(2) 选择合适的人和事

什么事情可以进行授权呢？需要按照风险、责任、所需权限、出现频率等因素来综合考虑。

哪些人员可以进行授权呢？需要根据与其职责相关、对其未来发展有利以及工作兴趣和工作负荷状况等多种因素来进行判断。一旦选定了人员后，还应该对其做适当的教育培训，培养提升其工作技能。

一般说来，可以将工作分为常规和非常规的工作。按照风险大小，又可以分为低风险的工作和高风险的工作。授权与工作性质的关系可以用下图（见图6-3）来说明。

	低风险	高风险
非常规工作	适当授权	不能授权
常规而琐碎的工作	一定要授权	应该授权

图6-3 授权与工作性质的关系

（3）充分授权和委派

与受权者见面、沟通，把授权的工作指派给他，并赋予适当权限，要求其制订详细工作计划、具体步骤、汇报频率、过程检查点等，并做适当的控制和追踪、评估，达成目标和结果后，应该给予一定的奖励和表扬。

你不妨做一个练习，列出你目前生活中所有觉得可以授权的事情，把它们写下来，然后开始授权给最合适的人，看看这样一来时间管理的效率是否会提高许多。

（4）与别人的时间取得协调

认清并适应组织的节奏性与周期性是成功的要素。我们作为社会或是团体组织中的一员，毫无疑问地要与周边部门或人员发生联系。在这种情况下，我们需要互相尊重对方的时间安排，也就是说要与别人的时间取得协调。

同样地，当我们需要到某一部门去参观学习，也需要提前与该部门人员进行预约，双方共同达成一个有关时间、地点、人员安排等的约定。否则，突如其来的打扰会令对方措手不及，甚至有可能将你拒之门外。

当我们在经常抱怨外部的打扰（电话、来访等）、突发事件时，也应该站在对方的角度考虑问题，严格要求自己，提前做好计划与安排，与他人的时间取得协调，少一份慌乱，多一份从容！

3. 排除干扰技巧

（1）学会说"NO"

时间管理当中最有用的词是"NO"。说"NO"就是拒绝别人，这也是要有技巧的。当一件事无法当场做决定时，可以告诉对方你会考虑多久给予答复。表情要慎重、和蔼，态度要坚定，以免产生误解。下面是一些拒绝别人的常用技巧：

- 耐心倾听，显出慎重的表情；
- 如无法当场决定，则要告诉他你要考虑多长时间；
- 和颜悦色，态度坚定；
- 提出拒绝的理由；
- 如果可能，为他提供其他可行方案；
- 切忌通过第三者来拒绝。

请你思考一下：如果上司要你今天下班前交给他刚刚开完会的会议纪要，但你还有其他更重要的事情要处理，那你该怎么应对呢？

你可以这样询问他:"经理,你是先让我做上午的两份商务合同呢,还是急着要这份会议纪要呢?"这时,无论经理说让你先做哪一项工作,都等于是帮你拒绝了另一项任务。

这样,让经理自己决定要你做什么工作,总比你接到了一堆又一堆难以完成的任务之后心里不平或嘴上谩骂要好得多。

(2) 杜绝不速之客

研究表明,站着交谈要比坐着交谈节省时间,而且当有不速之客前来拜访的时候,还可以借此阻挡一下,可以把办公室内多余的凳子、椅子拿走。

安排特定的时间处理特定的事情。比如,规定你的下属在下午两点之后才可以来找你谈话,汇报工作。

在谈话之前,就告知来宾:"不好意思,我××点的时候有个会……"这样,对方就将自然而然地长话短说。

以上小技巧都有利于你杜绝不速之客占用你太多的时间,但那是不够的,你还需要对照以下受不速之客打搅的六大原因,检讨自己是否也经常犯同样的错误,有则改之,无则加勉。

受不速之客打搅的六大原因:

①来者不拒,经常被打扰,不能认识到严重后果,处理来访毫无计划。

②过高估计自己的作用,爱热闹,喜交往,有较强烈的会客欲望。

③事事过问,导致下属事事请示。

④权力欲望过重,缺乏授权,不相信下属,要求下属多汇报。

⑤对访谈时间的估算不切实际,会谈经常跑题,抓不住关键,且不会妥善结束谈话。

⑥实行开门办公,导致顺路来访者增多,公司或部门已经养成随时访谈的习惯。

相应的改进措施:

①作出每周的来访计划,实行预约,把公事和私事以及预定和未预定的会谈加以区别对待。

②客观分析自己的重要性、会谈的必要性,控制性格缺点,区别公事交往和私人交往。

③制订躲避和拒绝计划,用适当的方式保持信息沟通,改变事事过问的不良习惯。

④有效授权,不把持过多的权力,提高下属处理问题的能力,防止下属反授权。

⑤事先明确会谈时间及内容,抓住主要和关键内容。学习拒绝和结束会谈的技巧,作出提示性的动作或用语言暗示;或让秘书作出提醒,表明你有要事离开等。

⑥开门办公并不意味着真正地打开门使不速之客随意来访,而是要重新强调公司或部门的劳动纪律,不允许随便访谈。

(3) 保证一小时不被干扰

假如你能有一个小时的时间完全不受任何人干扰,在一个人的世界里思考一些事,或是做一些你认为最重要的事情,那么,这一小时的效率会比你一天的工作效率还要高,在这一小时之内完成的工作,有时候甚至抵得上三天的工作。

(4) 使用时间管理的工具

有效排除干扰,提高办事效率,还要善于使用时间管理工具。在日常工作和生活中可以广泛使用的时间管理工具有:

- 通讯:固定电话、移动电话、传真;

- 网络：电脑、电子邮箱、网址；
- 时间：月历、闹钟；
- 记录本：行事历、甘特表、效率手册；
- 商务通及预订卡；
- 其他工具：交通系统、语音系统等。

4. 减少冗长的会议

很多管理人员每天都陷入无数会议之中，因会议效率低下而常常分身乏术，导致很多重要的事情都无暇顾及。对于这样的处境，有什么破解的好方法呢？

日本企业在开会方面的做法非常值得我们借鉴。日本人最讲究开会效率，绝不开无用的会议。每次开会前，他们都会在会议室里张贴有关本次会议的成本、参加人员、会议时间、每小时工时费用等方面的详细情况，使会议主持人和参加者人人都心中有数，切实做到开短会、开高效率的会。他们的会议室也十分简陋，不仅无烟无茶，还没有椅子，开会的人都要站着。这种客观条件也起到了控制会议长度、提高开会效率的作用。

作为与会者，我们可以从会前、会中、会后三个阶段提高参会的效率。在会前先要了解此次会议的议题，需要做哪些准备工作；在会议进行中，要集中精力、快速思考、踊跃发言；会议结束后，该办的事就得办，不要拖沓。

（1）提高会议效率的要点

①要预先告知与会者会议事项的进行顺序与时间分配。
②要严格遵守会议的开始时间。
③要简洁说明议题的主旨。
④在会议进行中要注意如下事项：

- 发言内容是否偏离了议题？
- 发言内容是否出于个人的利益考虑？
- 是否全体人员都专心聆听发言？
- 是否发言者过于集中于某些人？
- 是否有从头到尾都不发言的人？
- 是否某个人的发言过于冗长？
- 发言的内容是否朝着结论推进？

⑤应当引导参会者在预定时间内作出结论。

⑥在必须延长会议时间时，应征得大家的同意，并确定延长的时间。

⑦应当把整理出来的结论交给全体人员表决确认。

⑧应当把决议付诸实行的程序整理出来，加以确认。

（2）会议禁忌事项

①发言时不可长篇大论，滔滔不绝（原则上以三分钟为限）。

②不可从会议开始一直沉默到结束。

③不可取用不正确的资料。

④不要尽谈些期待性的预测。

⑤不可进行人身攻击。

⑥不可打断他人的发言。

⑦不可不懂装懂，胡言乱语。

⑧不要谈抽象论或观念论。

⑨不可对发言者吹毛求疵。

⑩不要中途离席。

5. 办公室的5S工作

"5S"源于日本，由于日文 SEIRI（整理）、SEITON（整顿）、SEISO（清扫）、SEIKETSU（清洁）、SHITSUKE（素养）五个单词的发音都是"S"，所以统称为"5S"。

5S 管理的思路和目的十分简单明确，它针对企业中每位员工的日常行为提出要求，倡导从小事做起，力求使每位员工都养成事事"讲究"的习惯，从而创造出一个干净、整洁、舒适、合理的工作场所和空间环境。

5S 工作的各项具体内容如下：

①整理

坚决清理不必要的物品。将工作场所的物品区分为有必要的与没必要的，有必要的留下，其他一律清除或放置别处。这是 5S 的第一步。

②整顿

合理放置必要物品，把留下来的必要物品分门别类，依规定的位置定点定位放置，必要时做出统一标志。这是提高效率的基础。

③清扫

彻底清洁工作场所内外环境和物品，保持干净、明亮的工作环境，防止污染源的产生。

④清洁

将上述 3S 实施步骤制度化、规范化，并辅以必要的监督、检查、奖励措施，长期保持并达到工作环境清洁和有序的标准，维持清洁状态。

⑤素养

采取各种方式，使每位员工养成良好的职业习惯，并严格遵守企业规则，培养员工主动、积极、向上的工作态度，有一个良好的工作状态。

本章小结

工作效率四阶段

➡ 第一阶段　检讨效率现状

1. 目前的管理效率
2. 时间资源的特性
3. 时间的价值分析
4. 时间管理的实质

➡ 第二阶段　诊断分析原因

1. 如何找到原因
2. 首先自我检查
3. 工作时间记录法
4. 时间管理的记录和诊断

➡ 第三阶段　了解时间管理原理

1. 四个发展历程
2. 排列优先顺序
3. 艾森豪威尔原则
4. 艾维·李十分钟效率法

➡ 第四阶段　掌握实用技巧

1. 目标和计划管理
2. 充分授权和委派技巧
3. 排除干扰技巧
4. 减少冗长的会议
5. 办公室的5S工作

心得体会

附录　工具表单

1. 工作教导（JI）——人员训练预定表

工作场所：
制作者姓名：
制作日期：

单位				姓名			制定	年	月	日
进厂日期				年	月	日	修订	年	月	日
名称／等级	时间	工作分解编号		人事异动及工作情况			生产上的变化	备注		
			预定							
			实际							
			预定							
			实际							
			预定					1. 已完成训练的日期填入实际日期栏内。2. 预定训练日期填入预期栏内。3. 该项技能已于训练前完成者打（√）		
			实际							
			预定							
			实际							
			预定							
			实际							
			预定							
			实际							
			预定							
			实际							
人事变动及工作情况										

批准：　　　　审核：　　　　制定：

2. 工作教导（JI）——工作分解表

NO：　　　　作业/工作：

　　　　　　工作物：

　　　　　　工具与材料：

主要步骤	要点
能促进工作顺利完成的主要作业程序	就每一步骤列出下列事项： （1）左右工作能否完成的作业内容——即能否完成 （2）涉及作业人员人身安全的作业内容——即安全性 （3）具备能使工作顺利完成的技术——即经验、诀窍

批准：　　　　　审核：　　　　　制定：

3. 工作教导（JI）——工作教导评价表

项目 \ 日期 部门 职务 姓名	1 场所物品准备	2 训练预定表	3 学习准备	4 工作分解	5 工具物品说明	6 样品准备	7 手势标准	8 说明	9 考核成效	10 现场评价	11 总评	12 评审员

注：A+（10分）　　A（9分）　　A-（8分）　　A很好　B普通　C很差
　　B+（7分）　　B（6分）　　B-（5分）
　　C+（4分）　　C（3分）　　C-（2分）　　复评人　　　初评人

4. 工作改善（JM）——作业选择表

督导人员姓名	阻碍生产的事项				备注	改善顺位	工作分解预定完成日期	预定完成改善日期
工作场所名称								
日期								
作业名称								

5. 工作改善（JM）——改善提案表

年　月　日

单位		姓名		职称	
提案名称				编号	
1. 现状、缺点（附图）说明					
2. 提案改善内容（具体、详细、附图）					
3. 估计投资额（分项估算）					
4. 预计效益及投资回收期					

6. 工作关系（JR）——问题处理表

问题的焦点				
问题型	☐感觉到的	☐找上门来的	目的	
发生型	☐预想到的	☐自己跳进去的	变更目的	

1. 掌握事实（掌握全部事实经过）。每一个人都要制作一个卡片，将过去记录详细填写

问题发生前的事	
规则或惯例	
有关人员	
说法与心情	
处理的动机	

2. 慎思决定（切忌过早下结论，避免以偏概全）

整理事实	事实中有无遗漏之处？细节有无不实之处？有无对事实之间的相互关系考证过？是否已找出问题核心？	实行	规则与方针	用好的常识和判断			
				目的	本人	工作场所里的人	生产
思考相互关系							
可能采取的措施							

3. 采取措施（不推卸责任）

（续）

措施	自己（责任）	他人（能力）	上司（权限）	采取时机
4. 确认效果（采取的措施对生产是否有贡献）				
时间				
生产量				
态度				
相互关系				

5. 目的是否达成？　　□达成　　□未达成
   未达成的原因：

6. 适当的基本要诀能防止问题发生，如果发生了也可防止其扩大。

在处理过程中使用的项目、细目	
如果使用就可以预防问题发生的项目、细目	

    1. 在"实行"栏中，"V"代表要执行的方案，"X"表示不需要执行；

    2. 在"规划与方针"栏中，表示每一个可能采取的措施是否与公司的方针政策相违背，"V"代表没有违背，"X"代表违背；

    3. 在"好的常识和判断"栏中，用"＋"、"－"、"0"符号分别代表可能采取的措施对目的、本人、工作场所的人、生产的影响程度。如有正面影响，即"＋"；有负面影响，即"－"；没有影响，即"0"。

7. 工作关系（JR）——工作情形确认表

```
记入例
  √——采取措施
  ?——有调查的必要
  △△——完成的程度
```

作业员＼项目	产量	质量	成本	安全	规律
基准					
实务					
基准					
实务					
基准					
实务					
基准					
实务					
基准					
实务					

工作情形应告知
事前明确希望对方应该如何做，指导对方使其做得更好

赞赏表现优异者
　　随时注意下属既少有又感人的工作或行为，赞赏时机要趁热打铁

8. 工作安全（JS）——工作安全分析表

工作名称		安全护具	
作业地点		制定日期	
设备工具		修订日期	
材料、物料		修订次数	
主要步骤	工作方法	潜在危险	安全工作方法
审批者		分析者	

9. 工作安全（JS）——安全作业标准表

安全作业标准				
作业种类：			编号：	
作业名称：			制订日期：	
作业方式：			修订日期：	
使用器具、工具：			修订次数：	
防护具：			制作人：	
工作步骤	作业内容（工作要领）			安全注意事项（重点）
图　解				

10. 工作效率（JE）——经理人一周时间管理记录表

（2008 年　月　日——2008 年　月　日）

时间段＼日期	周一 月　日	周二 月　日	周三 月　日	周四 月　日	周五 月　日	周六 月　日	周日 月　日
8：00～~9：00							
9：00～10：00							
10：00～11：00							
11：00～12：00							
12：00～12：30							
12：30～13：00							
13：00～14：00							
14：00～15：00							
15：00～16：00							
16：00～16：30							
16：30～17：00							
17：00～18：00							
18：00～ 离开公司 （打卡）							

各位尊敬的学员：请把每天自己实际完成的工作事项认真填写在上表空格内，要求填写及时、真实、具体。同时，请思考：根据以上一周或两周的时间安排与实际工作记录，对照你之前的工作计划，你发现你的时间管理中存在哪些问题？请列举 5 个。针对这些问题，请列出你的改进计划。

11. 工作效率（JE）——如何解决时间浪费问题表

浪费时间的因素	可能的原因	解决办法

12. 工作效率（JE）——怎样管理自己的时间表

用于检验你目前管理时间的技能高低。

对下列每个问题，在符合你情况的答案前打√：

1. 现在你安排时间的水平怎样？
   □A. 很好，我在安排时间的能力上不存在任何问题
   □B. 还行，尽管有时我会感到有压力
   □C. 我经常感到有压力
   □D. 我觉得整天工作忙忙碌碌却一无所获
   □E. 工作是我生活的全部，我把所有精力都放在工作上

2. 你是否为每一天设立明确的目标呢？
   □A. 是的
   □B. 经常这样做
   □C. 从不这样做

3. 你是否能完成每一天为自己设立的目标？
   □A. 是的
   □B. 经常能完成
   □C. 从未完成过

4. 你是否清楚一天中你都把时间浪费到哪儿去了？
   □A. 一直很清楚

☐ B. 不清楚

☐ C. 不能确定

5. 做最重要的工作时，你是否清楚地意识到此时是你一天中的"首要时间"呢？

    ☐ A. 一直意识到

    ☐ B. 从未意识到

    ☐ C. 有时意识到

6. 当你列出一天中要做的工作时，你是否考虑过它们的轻重缓急呢？

    ☐ A. 一直考虑

    ☐ B. 经常考虑

    ☐ C. 从不考虑

7. 当你要和别人交流某事的时候，你是否考虑过几种不同的方式，然后选择其中最有效的方式呢？

    ☐ A. 一直这样做

    ☐ B. 从不这样做

    ☐ C. 不能确定

    ☐ D. 随机而定

8. 你是否有意识地努力在规定的工作时间内把工作做完呢？

    ☐ A. 一直这样

    ☐ B. 经常这样

    ☐ C. 从不这样

9. 在为自己的工作设立完成期限时，你是否会像为团队任务设立期限那样严格呢？

    ☐ A. 一直很严格

    ☐ B. 从不严格

    ☐ C. 不能确定

10. 你安排自己工作的能力是否赶得上为别人安排工作的能

力呢？
- ☐ A. 赶得上
- ☐ B. 经常能赶上
- ☐ C. 赶不上

根据问题的结果进行自我评价

1. 现在你对自身情况以及目前自己管理时间的能力层次有什么了解？

2. 哪些方面是你在接下来的三个月里准备提高的？（同时锻炼的方面不应该多于三个）

3. 做一份清单，列出你在工作日里浪费时间的活动。（如果你认为有必要，也可以把在家里浪费你的时间的活动列出来）

4. 为了达到你的工作目标，你必须完成的主要任务有哪些？（你的工作描述会使你更容易回答这个问题）

5. 目前，你是怎样决定任务的轻重缓急的？

6. 当和同事、职员、客户等交流时，你主要使用哪些方式？

7. 进行这些交流是否还存在更有效的方式？把你需要和别人交流的东西以及到目前为止你所使用的交流方式列出来。

8. 一天中什么时候是你感到最有活力且思维最敏捷？

9. 在这种时候你一般做哪种类型的工作？